AF197112

Unser Autor

Die Gedanken unseres Autors haben ihren Ursprung in 40 Jahren Erfahrung als Interpret von sinfonischen Werken, Kammermusik und mehr als 120 Opern.

**Mathias Husmann,** geboren 1948 in Hamburg, begann seine Laufbahn als Assistent von Horst Stein an der Hamburgischen Staatsoper und ist Dirigent, Pianist und Komponist gleichermassen. Sein Repertoire macht ihn zu einer außergewöhnliche Quelle für neugieriges Publikum - mit Respekt, Charme, Witz und dem Scharfblick eines geschichtskundigen Interpreten.

Sein origineller Umgang mit Sprache prägt auch die Dichtungen seiner bisher vier eigenen Musiktheater-Werke, in welchen es um Künstler in Krisen geht: Vivaldi, Sibelius, Gorch Fock, Verdi.

Die vorliegenden Einführungstexte sind auf Anregung von und für concerti verfasst.

Die gebürtige Südafrikanerin **Inga Mendelsöhn** ist freie Grafikerin in Hamburg. Ihre Leidenschaft für das Musiktheater zeigt sie in den vorliegenden Illustrationen, die sämtliche Operneinführungen kennzeichnen.

**Jan Golebiowski** ist im Hauptberuf Solo-Hornist der Dortmunder Philharmoniker und dazu ein weit über das Ruhrgebiet hinaus geschätzter Zeichner und Karikaturist.

die Solovioline die Melodie übernimmt und aus einer Serenade ein nachttiefes Adagio wird.

Was noch schön ist? Das durch die liebliche Kärntner Landschaft inspirierte Hauptthema des ersten Satzes, das Wien huldigende Seitenthema, und natürlich das ungarische Thema des dritten Satzes. Dessen Coda strotzt von Humor: Kommt da nicht Knecht Ruprecht aus dem Wald gestapft?

Ach, es ist Meister Brahms, neuerdings mit wallendem Bart!

UA Leipzig 1879

JOHANNES BRAHMS

# DOPPELKONZERT FÜR VIOLINE UND VIOLONCELLO MIT ORCHESTER

Die Freundschaft zwischen Johannes Brahms und Joseph Joachim – ihm ist das Violinkonzert gewidmet – war seit Jahren getrübt, weil Brahms in Joachims Scheidungsprozess für dessen Frau Partei ergriffen hatte. Längst verbargen beide Männer ihre Mienen hinter weißen Bärten, nun sollte das Doppelkonzert die Versöhnung bringen.

Clara Schumann notierte in ihrem Tagebuch über die erste Klavierprobe mit dem Cellisten Robert Hausmann: „Es war mir unmöglich, einen Begriff zu bekommen, da Johannes so unrein spielte, dass ich nur ein furchtbares Chaos empfand bis auf wenige melodische Stellen." Dann aber, nach der ersten Orchesterprobe: „Es ist ein frisches Werk voller interessanter Motive und Durcharbeitung. Am liebsten ist mir der erste Satz, dann der letzte, das Adagio schön klingend wohl, aber nicht so recht zu Herzen gehend. Einige störende Stellen fehlen nicht, das muss man eben mit in Kauf nehmen. Es ist manchmal, als ob es ihm Vergnügen mache, dem Hörer es nicht zu wohl werden zu lassen." Treffender kann man es nicht ausdrücken.

Das Doppelkonzert ist eine Musik des Lebenswinters: harsch und rau fegen die Tutti daher, alles Liebesgefühl hat sich zu einem kurzen, bittersüßen Seufzermotiv zusammengezogen. Die Solisten leisten Schwerarbeit, doch finden sie kaum zueinander, und wenn, wirkt es gezwungen. Ergreifend sind die Augenblicke des Verstummens in diesem Meisterwerk des Verzichts.

UA Köln 1887

ANTON BRUCKNER

# DIE NEUN SINFONIEN

Wenn Bruckner komponierte, war er ruhig und sicher. Davor und danach war er hilflos – in jeder Beziehung. Manchmal veränderte er seine Werke „aus eigenem Antrieb", manchmal aufgrund feindseliger, verständnisloser Kritik, meistens aber unter dem fatalen Einfluss wohlmeinender Freunde. Sie gaben ihm (ungefragt) Ratschläge – er stimmte devot zu, sie griffen eigenmächtig in seine Partituren ein – er schluckte es (gelegentlich notierte er am Rand „gilt nicht").

Im 20. Jahrhundert versuchten Musikwissenschaftler wie Robert Haas und Leopold Nowak, Bruckners Willen zu restaurieren. Heute steht jeder Dirigent vor dem Dilemma: *Urfassung, Originalfassung, Fassung letzter Hand* – was gilt? Kaum eine Partitur ist unangetastet, manches ist unwiederbringlich zerstört. Dennoch: Bruckners Musik leuchtet!

Man hat gesagt, Bruckner habe eine einzige Sinfonie neunmal geschrieben – doch jede folgt ihrer eigenen Spur. Wahr ist: Alle neun sind unüberhörbar Geschwister.

Es waltet eine „vegetative Einheit" (Karl Grebe):

- alle Kopf- und Finalsätze haben Sonatenform mit drei Themen,
- alle langsamen Sätze sind ähnlich gebaut, Elemente der Sonatenform gehen auf in der Barform: A (Exposition), A1 (Durchführung und Teilreprise 1), B (Teilreprise 2 und Coda),
- alle Scherzi sind dreiteilig: ABA.

Die drei Themen der Sonatensätze lassen sich – mit gebotener Vorsicht – so charakterisieren:

- 1. Thema: „Ich"/„Geist" – meist ein aus geheimnisvollem Tremolo hervortretendes Signal – „die Gnade der Inspiration",
- 2. Thema: „Du"/„Gefühl" – meist eine vielstimmige, oft volkstümlich-tänzerische Kammermusik – „das Tal des Lebens",
- 3. Thema: „Es"/„Gesetz"/„Gott" – meist unisono beginnend mit großer Steigerung – „das Gebirge der Ewigkeit".

Zwischen den Themen pausiert die Musik – Bruckner kam von der Orgel, bei deren Spiel man Registrierpausen braucht. Diese Pausen entsprechen den Säulen der Kathedralenarchitektur, die Themen selbst werden zu Bögen des musikalischen Gewölbes. Der sakrale Charakter der Musik Bruckners liegt in ihrer Form begründet – die aufragende Coda eines Satzes entspricht dem Turm ...

Die Harmonik Bruckners ist romantische Chromatik wie bei dem von ihm verehrten Wagner – für seine letzten drei Sinfonien übernahm er aus dem „Ring des Nibelungen" die Wagnertuben. Doch ein größerer Gegensatz ist kaum denkbar:

- Wagners Musik will – Bruckner lässt geschehen,
- Wagners Musik ist ichbezogen und sinnlich – Bruckner ist demütig und naiv,
- Wagners Musik ist bildhaft-theatralisch – Bruckners Musik entzieht sich aller Programmatik.

Nach Wagners Musik steht man mit gespitzten Lippen auf – nach Bruckners Musik bleibt man schweigend sitzen und möchte etwas Unfassbares nicht verlieren ...

ANTON BRUCKNER

# ERSTE SINFONIE

Mit 41 Jahren beginnt ein bis dahin unauffälliger oberösterreichischer Organist und Hilfslehrer, große Sinfonik zu schreiben ...

Erster Satz: Eine leise dahintrottende Bewegung der tiefen Streicher: Ist dies ein Weg? Ein rhythmisch unstetes Thema der Violinen in matter Lage versucht Fuß zu fassen: Es passt harmonisch nicht, bleibt unaufgelöst, fremd, zerfällt in seine Bestandteile – ein Anfang wie ein Ende. Beginnt so ein Meisterwerk? Und doch führt dieser Weg schon bald zu einem ersten Gipfel (Posaunen), von dem aus die zarte, „klassisch" anmutende Streicherkadenz, die die Exposition beschließt, wie ein tief im Tal zurückgelassenes Dorf wirkt. Mit diesem Blick zurück beginnt auch die Durchführung. Der unmerkliche Übergang, dieses Hinüberschwingen, das aus einem Ende einen Anfang macht, ist schon ganz Bruckner! Der eigentliche Gipfel aber kommt kurz vor Satzende: Erst nach 265 Takten wird die Haupttonart c-Moll erreicht – nun unentrinnbar. Auch diese Episode, auf deren Höhepunkt das Hauptthema regelrecht zerrissen wird, ist schon ganz Bruckner!

Bruckners erstes Adagio ist rätselhaft: Es gibt kein Thema, nur ein stockendes Suchen nach dem „Ich". Nach 18 Takten kadenzieren die Streicher „klassisch", als sei das Vorausgegangene ein Thema gewesen. Ein zweiter Gedanke – über vagen Quintolen der Bratschen schwebend – scheint ein „Du" zu suchen und lässt einen sonatenförmigen Verlauf erwarten, aber die folgende lange, kammermusikalische Episode im schwingenden Dreivierteltakt spricht für dreiteilige Liedform. Die Umspielungen der Streicher bei der Reprise des sich suchenden Hauptthemas sind sehr fantasievoll und projizieren künftige „Adagio-Hochstimmungen".

Das Scherzo wirkt orgelmäßig in seiner dunklen, wuchtigen Thematik und dramatischen Dynamik. Das Trio ist hell und entspannt, der ganze Satz knapp. Um die Haupttonart zu schonen, versetzte Bruckner es nach g-Moll: Eine kühne Idee, die dem hochdramatischen Beginn des c-Moll-Finales sehr zugutekommt!

Das Finale setzt den ersten Satz „feurig" fort; sein Hauptthema ist direkt aus der Schlussgruppe des ersten Satzes gebildet. Hier müssen die Streicher auf der vordersten Stuhlkante sitzen! Das Seitenthema entzückt durch synkopische Pizzicato-Spritzer. Und wieder schwingt eine zarte „klassische" Streicherkadenz in die Durchführung hinüber ... Chorsänger erkennen Anklänge an das (spätere) Te Deum. Abrupte „Registrierpausen" bereiten die wechselnden Klangräume vor. Groteske Trillerketten bezeugen die skurrile, schrullige Veranlagung Bruckners. Mit einem triumphalen Allelujah in C-Dur schließt die *Erste* – wie nannte Bruckner sie? – „das kecke Beserl!"

Linzer Fassung, UA 1868 Linz

# ZWEITE SINFONIE

Hohe, leise Streichersextolen als vorgeschaltetes Medium, „ziemlich schnell" und wie elektrisch pulsierend: sollen hier Herztöne aufgezeichnet werden? Das Hauptthema in den Violoncelli – enge Intervalle, exaltierte Lage – setzt ein wie ein Stöhnen, steigert sich zuckend, die Violinen reißen es an sich und zwingen es in die Tiefe, wo es nach insgesamt 24 Takten heftig kadenziert. In Erinnerung bleibt ein tanzendes Trompetensignal, das wie ein Sonnenstrahl durch Wolken leuchtet ...

Ein wahnsinniger Anfang – ist es der Anfang von Wahnsinn? Bruckner befand sich in einer Krise – seine musikalischen Gesichte drängten nach Gestaltung, gleichzeitig stand er den Fragen seines Lebens hilflos gegenüber.

Zweiter Anlauf des Themas aus tiefer Lage. Gegenstimmen werden laut. Gerade will die Sonne durchbrechen (das Trompetensignal), da schaltet sich das Medium ab; die nur noch leerlaufende Bewegung pendelt aus und verstummt in einer großen Pause – die Wiener Philharmoniker lachten. Bruckner aber hatte das Urmodell seiner „Stirb und werde"-Übergänge gefunden: In jeder folgenden Sinfonie wird es verwandelt wiederkehren.

Die *Zweite* ist unruhig und unausgeglichen. Vom Spätwerk her gesehen ist zu bewundern, wie Bruckner schon hier dem eigenen Stil auf der Spur war. Seine Zeitgenossen, die das Ziel seines Weges nicht kannten, schüttelten den Kopf. Immerhin saß der spätere Gewandhauskapellmeister Arthur Nikisch als Geiger im Orchester und merkte sich den Namen Bruckner.

Das Seitenthema ist entspannt und liebevoll – aber zu kurz! Das dritte Thema (die Schlussgruppe) ist schon typisch in seinem strengen Ostinato – aber zu lang! Das unmerkliche Hinüberschwingen in die Durchführung war schon in der ersten Sinfonie gelungen.

Das Adagio beginnt mit einer bewegenden Geste über warmen Harmonien – jedoch ein ganzes Thema wird nicht daraus. Dafür aber sind die drei Bögen der Barform (AAB) schon klar erkennbar. Ein unwirklich schönes Doppelsolo von Flöte und Geige begräbt wohl einen Traum. Heimlicher Solist des Satzes ist das Horn: Es zaubert im Hintergrund des Seitenthemas und hat das letzte Wort.

Das Scherzo setzt in dunklem c-Moll energisch ein, sein Trio – ein hymnischer Ländler unter ekstatischem Tremolo ist der hellste Moment der Sinfonie.

Das Finale beginnt wie auf der Flucht. Die kreisende Figur der (zweiten) Violinen ist nichts anderes als das verflüssigte Thema des ersten Satzes. Das eigentliche Hauptthema tritt erst nach 32 Takten ein und ist kurz und schroff. Das Seitenthema ähnelt dem des ersten Satzes, nun aber erblüht und ausströmend! In der Schlussgruppe, die sich auf das Hauptthema beruft, kehrt auch das tanzende Trompetensignal wieder.

Kurz vor Schluss unterbricht ein Paukendonner den Satz – der Anfang der Sinfonie bringt sich traumatisch in Erinnerung. Dann bricht die Sonne endgültig durch die Wolken: Das ganze Orchester tanzt in C-Dur das Trompetensignal!

UA Wien 1873

ANTON BRUCKNER

# DRITTE SINFONIE

Die *Dritte* heißt *Wagnersinfonie* und war ursprünglich mit Zitaten geschmückt. Für Wagner war der anhängliche Bruckner ein nützlicher Idiot; immerhin konnte er mit dessen Namen dem Kollegen Brahms eins auswischen, indem er Bruckner als das dritte große „B" nach Bach und Beethoven bezeichnete. Ein Blick in die Partitur hätte Wagner gezeigt, dass die von ihm totgesagte Gattung der Sinfonie gerade wieder zu leben anfing ...

Während der langen Bauzeit der *Dritten* wurde es Bruckner wichtig, seine Partituren *rhythmisch geregelt* zu wissen. Er baute nicht mehr mit gefundenen Feldsteinen, sondern mit regelmäßigen Ziegeln, die Perioden werden gerade: 2, 4, 8, 16 Takte. Der Rhythmus wird zum statischen Element der Kompositionstechnik. Das Hauptthema (Trompete) muss sich zwar viel gefallen lassen: Umkehrung, Engführung, Verschiebung im Takt, Beschleunigung und Verbreiterung, aber sein Rhythmus bleibt unangetastet. Dieses Bauprinzip gilt fortan. In dem Maße, wie die Seitenthemen an Wärme und Klangreichtum gewinnen, werden die dritten Themen kahl und kalt. Neu sind auch Momente der Dekonstruktion, der Zerstörung von Abläufen: Besonders ergreifend wirkt das Fragment des Seitenthemas aus dem ersten Satz kurz vor Ende des Finales – wer das erkennt, hat gut zugehört!

Erster Satz: Wie hinter einem durchsichtigen Schleier aus fünf verschieden schnellen d-Moll-Bewegungen erscheint in der Trompete das Hauptthema. Es enthält den ganzen Weg der Sinfonie: die Ruhe (das absteigende rhythmische Signal), die Entwicklung (die drängende Triole mit der Moll-Terz), das Ziel (die aufsteigende, D-Dur verheißende Kadenz). Doch der Weg ist weit! Bei Annäherung verschwindet die Vision, ein Gegen-Hauptthema stellt sich dem Wanderer in den Weg, wirft ihn zu Boden. Kaum wagt er zu atmen – allein drei Generalpausen!

Viele Generalpausen unterbrechen diesen Satz, doch die drängende Kraft der Triole ist unbeugsam. Sie wirkt im klangvollen Seitenthema, Bruckner hat „seinen" Rhythmus gefunden: Triole-Duole (Bewegung-Ruhe) oder Duole-Triole ... dieser Rhythmus gehört fortan dazu.

Der zweite Satz hat drei widersprüchliche Bezeichnungen: bewegt, feierlich, quasi Adagio. Auch die Form ist widersprüchlich: Der äußere Rahmen ist liedförmig (ABA), aber der innere B-Teil ist sonatenförmig. Dass der Satz innerhalb einer d-Moll-Sinfonie in Es-Dur steht, zeigt Bruckners Unabhängigkeit. Die Instrumentation ist farbig und plastisch.

Scherzo und Finale werden immer zuerst geprobt, denn deren Streicherpassagen haben es in sich!

Das Finale beginnt wie ein kreisender Vogelschwarm. Das zupackende Hauptthema ist rhythmisch aus dem ersten Satz und harmonisch aus dem Scherzo gewonnen. Das zweite Thema ist ein Simultanthema: Im Vordergrund dreht sich ein Kirmestanz, im Hintergrund zieht eine Prozession. Das wilde dritte Thema assoziiert Orgelwirkung mit seinen hinterherhallenden Bassgängen.

Die Sinfonie endet in triumphalem D-Dur – wie es das Hauptthema versprochen hatte. Katastrophal endete die Uraufführung: Die Philharmoniker zeigten ihren Missmut, das Publikum verließ lachend den Saal. Bruckner stand weinend zwischen seinen Getreuen, da trat ein Verleger wie ein tröstender Engel mit der Botschaft an ihn heran, die *Dritte* drucken zu wollen ...

UA Wien 1877

# Anton Bruckner

# VIERTE SINFONIE

## *Romantische*

Eine Einführung in die *Vierte* – dieses hochinspirierte Wunderwerk – muss mit einem Stoßseufzer über die fremden Geister und Hände beginnen, die hier mit am Werk waren. Schon vor der Uraufführung überarbeitete Bruckner die Partitur – angeblich „aus eigenem Antrieb". Als er später die Druckfassung sah, erkannte er vieles nicht wieder. Im „endgültigen" Finale verstümmelte er (wegen der Länge) freiwillig die Form, damit es nicht andere täten – ein in der Musikgeschichte einzigartiger Vorgang!

Immerhin – es kam zu einer angemessenen Uraufführung mit den Wiener Philharmonikern.

Über einem tiefen, leise bebenden Es-Dur-Akkord der Streicher erklingt in leuchtender Höhe viermal das gleiche Hornmotiv – gleich? Winzige Unterschiede öffnen einen riesigen Raum. Erste Phase: Ruhe. Zweite Phase: der Anfangston (und die darunterliegenden Harmonien) um ein Weniges verändert, das Herz (und die ganze Welt) erwacht. Dritte Phase: das Motiv wie zuerst, aber die Harmonien beginnen sich erdrutschartig zu bewegen. Vierte Phase: Das Motiv kadenziert in tiefer Lage und kommt wieder zur Ruhe. Eine halbe Minute wie ein ganzes Leben!

Der (in der *Dritten* gefundene) „Bruckner-Rhythmus" (Duole-Triole) leitet schwungvoll zum zweiten Thema über: eine vielstimmige Kammermusik. Das dritte Thema entwickelt dramatische Energien. Und wieder gleitet die ausklingende Exposition unmerklich in die romantische Durchführung hinüber – dieser Übergang war Bruckner seit der *Ersten* gelungen!

Im zweiten Satz wandert Bruckner auf Schuberts Spuren. Das Hauptthema (Violoncelli) ist heiter und melancholisch zugleich – man muss nicht wissen, dass es aus dem Hornthema des ersten Satzes hervorgegangen ist. Das ganz von Pizzicati begleitete Seitenthema verliert sich in Traumgefilden – ein Geschenk für die Bratschen! Der Satz hat Sonatenform, aber die Coda entfaltet solche Pracht, dass der Eindruck einer Barform entsteht: A (Exposition + Durchführung), A (Reprise), B (Coda).

Im Scherzo zeigt der Bruckner-Rhythmus, dass er zur Jagd taugt – nur das Trio können die Jäger nicht erreichen: eine ferne Insel des Friedens.

Das Finale beginnt mit einer Täuschung: Das zwielichtige b-Moll mit der rinnenden Sanduhr ist nicht Tonart des Satzes, aber wir glauben es, da das Scherzo auch in B stand. Mit dem in die Erinnerung zurückkehrenden Jagdthema erwacht das richtige Tonartbewusstsein. Das gewaltige Hauptthema droht in es-Moll, aber der folgende Aufschwung gipfelt im jubelnden Es-Dur des Hornthemas – so soll das Finale später enden!

Später – das bedeutet einen steinigen Weg! Das zweite Thema ist janusköpfig: Sein erstes Gesicht trauert, sein zweites lacht und spielt mit dem Bruckner-Rhythmus. Im dritten Thema peitschen wilde Sextolen auf das Unisono ein. Am Ende der kämpferischen Durchführung zerfallen alle Motive – eine gespenstische Phase der Auflösung tritt ein – die Musik verstummt. Es folgt die Reprise mit Haupt- und Seitenthema – und nun kommt es zu der eingangs beschriebenen Verstümmelung: Bruckner bereitet den Einsatz des dritten Themas schon vor, die Sextolen beginnen schon zu peitschen – da winkt er wie resignierend ab, mit einem Trugschluss verzichtet er auf den dritten Bogen seiner Architektur und lässt ihn als Fragment stehen ... die mystische Coda hebt an. Ein verstörender Vorgang, der bis in den Schluss nachwirkt. Bruckner scheint gefühlt zu haben, was er angerichtet hatte - auch das Hornthema erscheint am Schluss zerstört: In den Posaunen überlebt der Rhythmus, in den Hörnern tönen die Intervallsprünge wie finstere Glocken ...

UA Wien 1881

ANTON BRUCKNER

# FÜNFTE SINFONIE

Seine *Fünfte* hat Bruckner nie gehört. Bei der einzigen Aufführung zu seinen Lebzeiten war er sterbenskrank – so blieb ihm eine von seinen Beratern entstellte Bearbeitung erspart. Vorsorglich hatte er das Manuskript in Sicherheit gebracht – dieses wurde erst 1937 gedruckt.

Bruckners *Fünfte* – Mittelpunkt seines Werkes – ist unangetastet, Gott sei Dank! Wer weiß – vielleicht gab es in höheren Sphären ein besonderes Interesse an ihr, denn sie ist sehr spirituell: Die geistigen Flammen, von denen sie beseelt ist, legen den Namen *Pfingstsinfonie* nahe ...

Andächtig betreten wir einen sakralen Raum – zwei Themen durchhallen das Gewölbe: Das erste ist rhythmisch – wie ein Gebot, das zweite hymnisch – wie eine Verheißung. Ein Brausen erhebt sich, der Orchesterklang strahlt wie in Erleuchtung ... so weit die Einleitung. Einzig die *Fünfte* hat eine langsame Einleitung. Das Hauptthema des folgenden Allegro – das „Ich"-Thema – wird in der Durchführung mit dem Gebot-Thema der Einleitung in Konflikt geraten, aber das Thema der Verheißung wird es wieder erheben ... Im Seitenthema klingen Einsamkeit und Sehnsucht an, die Schlussgruppe atmet Kraft und Zuversicht.

Zweiter und dritter Satz gehören zusammen. Die „wandernde" Pizzicato-Begleitung im Sechsvierteltakt und dazu die „schlendernde" Melodie im Viervierteltakt erfordern Geduld: Mal müssen sechs langsame Noten gegen vier Taktschläge und mal vier langsame Noten gegen sechs Schläge gespielt werden. Plötzlich beginnt das wandernde Pizzicato zu tanzen, und der dritte Satz hat begonnen. Sein Charakter wechselt spielerisch zwischen Scherzo und Ländler. Das Trio beginnt mit einem dissonanten Hornakzent, der die folgende heitere Episode infrage stellt.

Der vierte Satz scheint mit derselben langsamen Einleitung wie der erste zu beginnen, nur erschallt kein feierliches Gebot-Thema, sondern – völlig überraschend – ein keckes Klarinettenmotiv. Das Themenzitat des ersten Satzes ruft zur Ordnung auf, aber die Trompete pflichtet der Klarinette bei; das Themenzitat des langsamen Satzes mahnt Ernst an, aber die Flöte kichert wie die Klarinette. Es herrscht eine gespannte, lauernde Atmosphäre – und nun bricht das größte Fugenfinale des 19. Jahrhunderts los: Violoncelli und Kontrabässe machen aus dem Scherzmotiv der Klarinetten ein ungestümes Fugenthema. Das Seitenthema bringt Entspannung. Die Schlussgruppe setzt kraftvoll mit dem vergrößerten Fugenthema ein, da hält plötzlich alles den Atem an – und in völlig unerwarteter Tonart fährt der Pfingstchoral wie der heilige Geist herab – wo waren wir die ganze Zeit über? Wie benommen geht die Exposition zu Ende.

Mit der Durchführung beginnt die eigentliche Doppelfuge über Choral- und Finalthema. Nacheinander geraten die Bauteile der Themen – Kopf, Korpus, Kadenz – in den Fokus, werden vergrößert, verkleinert, umgekehrt, verschoben und in der grandiosen Reprise kombiniert.

In der Coda erfolgt dann die krönende Kombination von Choralthema und Fugenthema mit dem Hauptthema des ersten Satzes. Der Pfingstchoral weitet sich zum Hymnus, dann schließt die Sinfonie stolz mit dem „Ich"-Thema wie mit der Signatur des Meisters – gut gemacht, Bruckner! Wie bitte? „Nicht für tausend Gulden möchte ich das noch einmal schreiben."

Entstehungszeit 1875-78

# SECHSTE SINFONIE

Bruckner schrieb und schrieb. Die *Fünfte* war vollendet, die *Vierte* noch nicht gespielt, aber schon umgearbeitet. Wien und die Welt nahm den wunderlichen, alternden Kauz kaum wahr.

Ein ekstatischer Rhythmus in glitzernder Höhe, ein behäbiges Hauptthema in grummelnder Tiefe – wie passt das zusammen? Rhythmus und Thema mischen sich nicht, die Harmonik wählt ausgefallene Wege – wo will das hin? Fliehkräfte sind am Werk: Eine schweifende Fantasie gebiert einen majestätischen Tanz von skurriler Heiterkeit – ein Paradiesvogel bei der Balz ...

Der erste Satz ist anspruchsvoll: Die zwischen duolischem und triolischem Duktus schaukelnde Struktur und die durch verstiegene Harmonik verwirbelten Passagen müssen geprobt werden, damit das Schwere schwebt, damit diese traurige Musik lächelt.

Der zweite Satz beginnt mit einem feierlichen Streicherthema über ernst schreitenden Bässen. Ein mit akzentuierter Dissonanz einsetzendes Oboesolo klagt sein Leid ... das schwärmerische zweite Thema – in hellem E-Dur – imaginiert ein schönes Wesen, das mit harmonischem Liebreiz die Augen schimmern macht. Das trauermarschähnliche dritte Thema – in dunklem c-Moll mit leisen Pauken und Posaunen – weiß von Abschied und Entsagung.

Das Scherzo (*nicht schnell*) hat kein Thema – und eigentlich auch keine Lust. Es enthält ein Sammelsurium leerer Begleitfiguren – wie ein Schrank voll verblichener Klamotten. Das Trio (*langsam*) mit vertrockneten Pizzicati und ferner Hörnerseligkeit – wie alte Jagdtrophäen – wirkt geisterhaft und schrullig.

Auch das Finale ist seltsam: Ein tonartlich unbestimmtes Vorthema – wie eine resignative Geste – wird dreimal wiederholt, dann fährt eine Tutti-Toccata wütend dazwischen. Das Seitenthema lächelt dünn. Die Schlussgruppe greift das Toccata-Thema auf und verliert sich wie geistesabwesend an ein kleines, rhythmisches Motiv. In der Durchführung gewinnt das Vorthema Wärme und Ausdruck – damit endet dessen musikalische Biografie. Die Reprise wird von der Toccata beherrscht. Die Coda zitiert das majestätische Hauptthema aus dem ersten Satz – ein wenig klingt es nach Routine.

Die „kleine" *Sechste* steht im Schatten zweier Riesen: der meisterhaften *Fünften* und der charismatischen *Siebten*. Zu Bruckners Lebzeiten wurden nur die beiden Mittelsätze gespielt. Sie ist handwerklich vollkommen und in ihrem Befund – zwei inspirierte und zwei deprimierte Sätze – ein sehr persönliches Dokument.

Entstehungszeit 1879-81

ANTON BRUCKNER

# SIEBTE SINFONIE

Mit sechzig Jahren erlebte Bruckner seinen ersten Welterfolg. Arthur Nikisch hatte 1873 in Wien als Geiger bei den Philharmonikern die *Zweite* mitgespielt und sich den Namen Bruckner gemerkt. Nun war er Dirigent in Leipzig und brachte mit dem Gewandhausorchester die *Siebte* zur Uraufführung. Es folgten Aufführungen in München, Graz, Berlin und dann – weil der Erfolg sich herumsprach – auch in Wien.

Im Berliner Tageblatt schrieb Paul Marsop: „Da stand er nun in seinem bescheidenen Gewande vor der Menge und verbeugte sich einmal übers andre. Bald zuckte es wehmütig um den Mund des alten Herrn, bald leuchtete es gar wundersam in seinen Augen auf, und das nicht schöne, aber sympathisch-treuherzige Gesicht erstrahlte in einer so warmherzigen, innigen Freude, wie sie sich nur auf dem Antlitz eines Menschen zeigen kann, dessen Herz zu gut ist, um selbst durch die ärgsten Tücken dieser Welt verbittert zu werden.

Man empfand mit innigem Behagen, dass sich etwas geltend machte, das man in den Werken anderer Zeitgenossen durchwegs vermißt: die Kraft! Endlich, endlich einer, der wieder einmal aus dem Vollen schöpft!"

Besser kann man Bruckners Wesen und den Charakter der *Siebten* nicht beschreiben: bescheiden, wehmütig, wundersam, leuchtend, warmherzig, innig, freudig und kraftvoll.

Die *Siebte* ist unwiderstehlich: SO muss es gewesen sein, als zum ersten Mal die Sonne aufging (erster Satz), SO trauern Musiker um Musiker (Adagio), SO klingen *die ärgsten Tücken dieser Welt* (Scherzo), SO klingt *Kraft, die aus dem Vollen schöpft* (Finale)!

Das lange Hauptthema (24 Takte) wird von den Violoncelli vorgetragen, dazu kommen als Farbe: das Horn für den naturhaft aufsteigenden Dreiklang, die Bratschen für die innige Mittelkadenz und die tiefe Klarinette für die intensive Steigerung.

Für Adagio (Trauermarsch) und Finale zog Bruckner vier Wagnertuben hinzu, von Wagners Tod erfuhr er während der Komposition des Trauermarsches – jeder spürt, an welcher Stelle!

Das Scherzo ist ein wildes Karussell, das Trio wie ein staunendes Kind ...

Das kompakte Finale läuft spiegelbildlich ab: Exposition: ABC, Durchführung, Reprise: CBA. In der Coda strahlt die Sonne ...

Die Tonarten der vier Sätze ergeben einen wunderbaren Bogen: E-Dur – cis-Moll/Cis-Dur (Schluss) – a-Moll/F-Dur (Trio) – E-Dur.

Den fragwürdigen Beckenschlag im Adagio (Achtung: Höhepunkt!) soll Nikisch sich erbeten haben – ihm zu Dank und Ehren kann man ihn gelten lassen. Mit zittriger Hand schrieb Bruckner neben die eingeklebten Takte „gilt nicht". Mit oder ohne Beckenschlag – die *Siebte* gilt!

UA Leipzig 1884

# ACHTE SINFONIE

Beschwingt vom Erfolg seiner sonnendurchfluteten *Siebenten* ging Bruckner an die Komposition der abgründigen, nächtlichen *Achten*. Als diese bei seinen Mitstreitern auf Unverständnis stieß, stürzte er seelisch ab. Aber seine unermüdliche Fantasie und mancher sinnvolle Ratschlag (wie der, bei acht Hörnern auch die Holzbläser aufzustocken) führten zu einer idealen Neugestaltung. Die Uraufführung des abendfüllenden Werkes (80 Minuten) wurde sein letzter Triumph: „Erst in tausend Jahren wird man dies herrliche Werk verstehen!", rief Hugo Wolf aus.

Auch dieses herrliche Werk wurde zunächst entstellt gedruckt, aber dank sorgfältiger musikwissenschaftlicher Recherche konnte die Originalfassung 1939 vorgelegt werden – die ihren Frieden suchende *Achte* erschien kurz vor Kriegsbeginn. Alle Bruckner'schen Werkbaustellen sind vollendet ausgeführt:

Das am Boden zuckende, seine Tonart suchende Hauptthema verläuft in zwei Phasen wie Frage und Antwort, aber jede Antwort führt zur nächsten Frage. Dieses Prinzip ständiger Steigerung gilt auch für das im „Bruckner-Rhythmus" (Duole/Triole) schwingende Seitenthema und die dramatische Schlussgruppe. Die Exposition verklingt mit einem Hornsolo wie eine Frage ins Dunkel, und aus dem Dunkel der Durchführung antwortet ein Oboesolo – welch wunderbares Hinübergleiten! Der erste Satz endet in beklemmendem Pianissimo – „Totenuhr" nannte Bruckner die auslaufenden Takte ...

In die Stille fallen die Höllengeister des Scherzos ein – wie bei der Versuchung des heiligen Antonius auf alten Bildern – und walken ihr Opfer durch. Das Trio – mit wie aufblickenden Harfengebärden – hält betend dagegen ...

Das Adagio ruht auf einem atmenden Rhythmus. Sein lang gezogenes Hauptthema gleicht der Geste einer Hand, die eine Aussage mit dem Handrücken unterstreicht und sie dann mit der Handfläche infrage stellt. Das ekstatische Seitenthema verzückt nicht nur die Cellisten, es weckt auch entzückende Nebenstimmen. Der lange Abgesang des Adagios – getragen von Hörnern und Tuben – ist wie ein glückliches Entschlummern, und darin das Gegenbild zum Schluss des ersten Satzes ...

Das Finale – Bruckners größtes und letztes (denn seine neunte Sinfonie hat keines) – beginnt mit einem trappelnden Rhythmus wie ein apokalyptischer Reiterangriff. Das aufragende Hauptthema hat drei Stufen: Anfang-Entwicklung-Ziel, musikalisch gesprochen: Klang-Rhythmus-Kadenz, als Bild eines Baumes: Wurzel-Stamm-Krone, als religiöses Gleichnis: Reich-Kraft-Herrlichkeit. In diesem Satz ist das Altern Gegenstand der Komposition: Nach der höchsten Kraftentfaltung in der Mitte verlieren die Themen an Energie und Bewegung. Eine absinkende Dekonstruktionsphase – wie eine Grablegung – führt zur letzten Generalpause der Sinfonie. Dann steigt das Hauptthema langsam empor zum endgültigen C-Dur, in dem sich die Themen aller Sätze vereinigt finden.

Die *Achte* steht nicht nur wegen ihrer Satzreihenfolge (Scherzo vor Adagio) neben Beethovens letzter Sinfonie: In beiden Werken geht es um letzte Fragen und Antworten. Beethovens Musik sucht die menschliche Gesellschaft, Bruckners *Achte* aber darf man ruhig auf eine einsame Insel mitnehmen – auch sie sucht Einsamkeit.

UA Wien 1892

## ANTON BRUCKNER

# NEUNTE SINFONIE

„Ich habe auf Erden meine Schuldigkeit getan; ich tat, was ich konnte, und nur eines möchte ich mir wünschen: Wäre mir doch vergönnt, meine neunte Sinfonie zu vollenden! Der Tod wird mir hoffentlich die Feder nicht früher aus der Hand nehmen!"

Der Anfang des ersten Satzes atmet die Ruhe dessen, der seine Schuldigkeit getan hat: Ein langes, tiefes „D" der Streicher in fast bewegungslosem Tremolo, ein langes, tiefes „D" der Holzbläser, mit fester Betonung angesetzt – wie ein Schlussstrich, dann ein zweimaliges leises, tiefes Signal vom (einstimmigen) Chor der acht Hörner – wie eine Signatur hinter dem Schlussstrich. Das erste Signal berührt die Mollterz – das Intervall des Lebens und Leidens, das zweite die Quint – das Intervall der Ewigkeit und Herrlichkeit. Dann hallt das Echo der Signale wie in einem Ge-wölbe nach – „ich tat, was ich konnte". Das dritte, fernste Echo berührt die Sekund – das Intervall der Sehnsucht – „wäre mir doch vergönnt ...", da steigt über dem aufflammenden Sekund-akkord das dritte Hörnersignal empor, springt in die Oktav und weiter in die Sext – die Intervalle der Einheit und Erfüllung, und ein strahlender Ces-Dur-Akkord erhellt den Raum – ist es die Kraft des Hoffens auf Vollendung, oder ist es der Tod, der nach der Feder greift?

„Ich wünsche, dass meine sterblichen Überreste in einem Metall-sarge beigesetzt werden, welcher in der Gruft des Chorherrenstifts St. Florian unter der großen Orgel frei hingestellt werden soll ..."

Der Anfang des Scherzos klingt wie eine ferne Orgel in der Höhe. Metallisch und knöchern tanzen die Pizzicati darunter auf und ab: ein Scherzo in der Gruft, die Dissonanzen erinnern an Bruckners ausgestandene Lebensqualen. Das Trio huscht schnell und traumartig dahin – huschte da eben ein Lächeln über Bruckners Gesicht? Etwa über die Qualen der Violinisten mit dem Trio?

Der Anfang des Adagios klingt so angespannt, wie die Hände der Violinisten beim Spielen des Nonenintervalls auf der G-Saite aussehen! Die Harmonien entfalten gewaltige Schubkraft – Bruckner tat, was er konnte! Dazu kontrastiert ein berührend zarter Zwiegesang von Oboe und Horn – Bruckner konnte, was er tat!

Nach Beendigung des Adagios vertraute Bruckner den Torso der *Neunten* dem Dirigenten Karl Muck an, mit der Bitte, ihn zu hüten, „damit nix g'schiacht d'ran!"

Die *Neunte* ist Fragment geblieben – ein vollendetes Fragment: zwei feierlich ruhige Sätze umrahmen ein totentanzähnliches Scherzo, das seinerseits ein traumartig dahinhuschendes Trio umfasst – dieses ungreifbarste aller Bruckner'schen Wesen wird zum lächelnden Mittelpunkt dieses tiefernsten Werkes.

Auf der Höhe des langen Weges in sich selbst, den der Gottsucher Bruckner durch sein Werk zurücklegte, zeigt er uns am Ende seines letzten Adagios das Tal des Friedens: Themen der *Siebten* und *Achten* ruhen hier bereits in ewiger Harmonie. Nimmt man die großen Finali der *Fünften* und *Achten* als Maß, so kann man ahnen, welch riesiger Satz der *Neunten* ungeschrieben blieb. Er wäre das unerhörteste Finale der Musik geworden; vielleicht ist es gut, dass er unerhört bleiben wird ...

Entstehungszeit 1891-94

PAUL HINDEMITH

# SINFONIE MATHIS DER MALER

Die Sinfonie entstand *vor* der gleichnamigen Oper (1935). Wilhelm Furtwängler konnte die Uraufführung der Sinfonie mit den Berliner Philharmonikern bei der Reichsregierung noch durchsetzen, aber die Oper schrieb Hindemith nur noch für sich und zur Klärung seines weiteren Weges. An der Figur des historisch kaum greifbaren mittelalterlichen Malers Mathis Gothard Nithart, genannt Grünewald, Schöpfer des gewaltigen *Isenheimer Altars*, arbeitete er die brisanten Themen des Lebens unter dem Nationalsozialismus ab: Mathis ergreift Partei für Verfolgte, leistet Fluchthilfe, zeigt Zivilcourage, erlebt eine Bücherverbrennung, wird zusammengeschlagen, zweifelt an sich selbst und am Sinn von Kunst in apokalyptischer Zeit, schafft in einer als Albtraum erlebten Nacht sein Werk, und steht schließlich vor der Frage des inneren oder äußeren Exils.

Die Sinfonie schildert weniger die Vorgänge auf den drei ausgesuchten Altartafeln als vielmehr den geistig künstlerischen Vorgang ihres Entstehens. Hindemiths Kompositionstechnik ist handwerklich und reflektiert zugleich, sein Tonmaterial rein und frisch wie Farben auf der Palette des Malers, der sie mischt und aufträgt.

*Engelkonzert* – drei ruhende, duftige Streicherakkorde geben den Positionen der Figuren Schimmer, dahinter entsteht durch perspektivische Bläserbewegungen ein geheimnisvoller Klangraum. Den sanft hervortretenden Posaunenchoral (*Es sungen drei Engel ein süßen Gesang*) umschlingt eine schwebend schwingende Girlande – wie ein Spruchband. Hindemith arbeitet mit feinem und mit grobem Pinsel: Kammermusik und orgelmäßige Klangfülle wechseln ab.

*Grablegung* – die fast bewegungslose Trauermusik ist ganz aus dunklen, kühlen Intervallfarben von Sekund-, Quart- und Quintklängen aufgebaut, umso strahlender leuchtet der goldene Fis-Dur-Akkord der Auferstehungsfermate. Mit ausdrucksvollen, warmen Terzschichtungen sind die Klagen der Trauernden bedacht.

*Versuchung des heiligen Antonius* – zunächst werden mit pastosen Strichen die Umrisse des Höllenszenarios festgelegt. Dann bricht der Kampf um die Gestaltung dieser infernalischen Szene aus. Auch der betende Antonius (Oboenchoral *Erhalt uns Herr*) und die aggressiven Quälgeister (Streicher) werden zunächst mit dünnen Linien vorgezeichnet und dann farbig – instrumental, harmonisch und kontrapunktisch – bis zum Bersten aufgefüllt. Die Gestalt der Verführerin erscheint zunächst entworfen als (zu männliche) Cellofantasie, eine Begleitung wird nur skizziert. In der ausgeführten Version prangt sie übermalt als üppig weibliche Bratschenkantilene, die von mottenhaften Bläserpartikeln umflattert wird. Ein penetranter Cantus firmus der Höllengeister (*Gib auf den Widerstand, wir sind dir höllisch nah*) versucht den Lobgesang *Lauda Sion* des Heiligen zu übertönen, muss aber dem *Alleluja* weichen.

In der Oper *Mathis der Maler* erklingt die *Grablegung* am Schluss, dabei legt Mathis sein Handwerkszeug, seine Ehrenkette, ein paar Bücher und ein persönliches Andenken in eine Truhe. Dann geht er – wie Paul Hindemith 1938 – ins Exil.

UA Berlin 1934

# ZAR UND ZIMMERMANN

Die Ouvertüre beginnt mit einem Augenzwinkern, bevor sechs gewichtige Tuttischläge darauf verweisen, dass es in dieser Oper darum gehen wird, „Großes zu vollbringen".

Holländische Zimmerleute bauen ein Schiff, ein Gastarbeiter singt ein russisch gefärbtes Handwerkerlied. Marie – ein sonniges Gemüt – besucht ihren auch russischstämmigen Freund auf der Werft. Der aufgeblasene Bürgermeister van Bett führt ein Verhör durch, weil sich unter den Arbeitern inkognito der russische Zar befinden soll. Auch der französische und der englische Gesandte haben davon Wind bekommen. Auf der Werft wird gefeiert, während des Banketts ereignen sich diplomatische Verwechslungen – der Bürgermeister lässt vorsichtshalber alle einsperren. Für den noch unerkannten hohen Gast studiert er mit dem Kirchenchor eine selbstverfasste Kantate (*Dideldum*) ein. Vom unbemerkt auslaufenden Schiff aus grüßt der Zar die Zurückbleibenden ... Ende mit Kanonenböller.

• bezaubernd: Mariens mit flottem Mundwerk vorgetragene Arie *Die Eifersucht ist eine Plage*,

• imponierend: van Betts selbstgefällige Arie mit dem Satz *O ich bin klug und weise*,

• rührend: das Lied Zar Peter des Großen *Einst spielt ich mit Zepter*,

• umwerfend: die Kantatenprobe mit dem Kirchenchor *Heil sei dem Tag*,

• hinreißend: der Holzschuhtanz der jungen Holländer(innen).

Lortzing war ein Theaterblut, er hatte einen ausgeprägten Sinn für Komik. Er legte seine lächelnden Melodien über das alberne Getue auf der großen und kleinen Weltbühne. Er war ein Könner, den seine Bescheidenheit adelte (Karl Grebe). Dabei war er nicht nur Komponist, sondern auch Textdichter und Schauspieler: den Peter Iwanow (Mariens Bräutigam) spielte er selbst.

Die Kunst des 1801 in Berlin geborenen Lortzing war volkstümlich, ohne sich anzubiedern. Seine Nation dankte es ihm auf ihre Weise: Während seine Opern an vielen deutschen Theatern gleichzeitig gespielt wurden, ließ man ihn mit seiner Familie buchstäblich verhungern.

UA Leipzig 1837

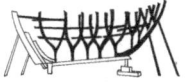

WOLFGANG AMADEUS MOZART

# IDOMENEO

Die Ouvertüre beginnt wie mit einer offiziellen Ankündigung: Der König kommt! Dann aber vernehmen wir aus wild aufschäumender Orchesterbrandung, wer der eigentliche Herr in dieser Oper ist: Das Meer – und es ist zornig!

Auf der Heimfahrt vom zerstörten Troja ist Idomeneo in einen Seesturm geraten. Aus Todesangst hat er dem Gott des Meeres gelobt, ihm den ersten Menschen, dem er nach seiner Rettung begegnen würde, zu opfern. Was für eine feige, unkönigliche Haltung! Poseidon spuckt ihn in Kreta an Land und fügt es, dass Idomeneo sofort Idamantes, seinem eigenen Sohn, begegnet, der am Strand auf ihn gewartet hat.

Idomeneo verschweigt sein Gelübde. Er befiehlt, Idamantes solle die Prinzessin Elektra, welche während des Trojanischen Krieges Asyl auf Kreta genoss, per Schiff nach Hause geleiten, damit er so dem Opfer entgeht, aber ein menschenfressendes Seeungeheuer blockiert den Hafen.

Idamantes, der sich in seines Vaters kriegsbedingter Abwesenheit in die gefangen gehaltene Trojanerprinzessin Ilia verliebt hat, bekämpft erfolgreich das Ungeheuer. Dann – mittlerweile weiß er um das Gelübde seines Vaters – will er sich im Tempel Poseidon opfern. Für ihn wiederum will Ilia sich opfern. Angesichts von so viel Opfermut ergeht ein Orakel: Idomeneo steige vom Thron / es herrsche Idamantes / Ilia sei ihm Gemahlin / Poseidon ist versöhnt.

Eine tolle Geschichte, die den 24-jährigen Mozart zu einer feurigen Musik inspirierte: Man hört romantischen Sturm und Drang und noch nicht die weltmännische Eleganz späterer Opern. Aber Mozart musste – wie Idamantes – mit einem Ungeheuer aus Schwierigkeiten kämpfen: Die alte Form der Opera seria war starr – und das Libretto weitschweifig. Sein Theaterinstinkt half ihm: Er ergänzte oder ersetzte Arien durch ausdrucksvolle Orchesterrezitative („darunter die Instrumenten gut malen können") und peitschte den Orchesterpart agogisch, dynamisch, harmonisch und instrumental regelrecht auf. Die dramatischen Chöre klingen schon nach Beethoven und Wagner.

Aber die Arme des Ungeheuers aus Schwierigkeiten waren nichts gegen dessen Köpfe! Da waren die Dickköpfe des Intendanten Graf Seeau und des Ballettmeisters und Regisseurs Le Grand, mit denen es um jede Kleinigkeit „einen starken Zank" gab, und vor allem war da Mozarts Vater Leopold, der von Salzburg aus die ansässigen Librettisten Varesco beeinflusste und seinem Sohn in die Komposition hineinredete ...

Die Schwestern Dorothea (Elektra) und Elisabeth (Ilia) Wendling müssen ausgezeichnet gesungen haben, bei den Herren wollte es der Zufall, dass Mozart es mit Sängern zu tun bekam, die ihre beste Zeit hinter sich hatten – auch der von Mozart verehrte Tenor Anton Raaff (Idomeneo). Für ihn änderte Mozart die Partie mehrfach.

Die Mannheimer Hofkapelle, die in München „gastierte", war das erste und ist das eigentliche Mozart – Orchester. Dessen Konzertmeister und Direktor Christian Cannabich hatte Mozart den Auftrag (Scrittura) verschafft, Mozart schrieb seine Musik den temperamentvollen Mannheimern – man denke nur an einen Begriff wie das „Mannheimer Crescendo" – auf den Leib.

Mozarts Wunsch, den Idomeneo für Wien zu einer Basspartie umzuschreiben, wurde mangels einer Aufführungschance nicht realisiert – schade! Idomeneo oder „Der Zorn des Meeres" – mit einer dramatischen Basspartie als Titelfigur – und Mozarts genialer heroischer Erstling stünde ganz anders in den Spielplänen!

UA München 1781

WOLFGANG AMADEUS MOZART

# DIE ENTFÜHRUNG AUS DEM SERAIL

„Die Ouverture ist ganz kurz, wechselt immer mit forte und piano ab, wobey beim forte allzeit die Türkische musick einfällt",
schrieb Mozart seinem Vater. Türkische Musik heißt: Triangel,
Becken und Trommel – Tschingderassabumm! Seit Prinz Eugens
Taten war „Tschingderassa" in Wien beliebt; heute bleibt – angesichts des „Bumm" in aller Welt – nicht nur den Wienern der
Spott im Halse stecken.

Joseph II. hatte angeordnet, dass „das Theater nächst der Burg
hinfort das Deutsche Nationaltheater heißen soll". Mozart bewarb sich, dafür das erste „Teutsche" Singspiel zu schreiben,
„wenn mir der Kaiser Tausend gulden giebt". Ganz so viel bekam
er nicht – er war zu „neu", und ganz die erste „teutsche Oper"
wurde es auch nicht, aber sie setzte Maßstäbe: *Die Entführung*
schlug alles nieder", bekannte Goethe, der sich selbst auch um einen Singspielstil bemühte. Singspiel meint ein (heiteres) Stück
mit Dialogen zwischen den Musiknummern.

Mozart standen die damals besten Sänger zur Verfügung: Catari-
na Cavallieri (Konstanze) mit ihrer „geläufigen Gurgel", der Tenor
Johann Adamberger, die Soubrette Therese Teyber, der Buffo Joseph Dauer und der Bassist Johann Fischer, „welcher die tiefsten
Töne mit Fülle, Leichtigkeit und Annehmlichkeit hervorbringt".
Aufgrund dieser Starbesetzung und des geschickten Textbuchs
von Bretzner/Stephanie zog Mozart alle Register: lyrische Ari-
en für den träumerischen Belmonte, beschwingte für die selbstbewusste Blonde, komische Arien für den Hasenfuß Pedrillo und
den aufbrausenden Osmin, Bravourarien für die charaktervol-
le Konstanze – vorsorglich hat der Orchesterwart vorn zusätz-

liche Pulte bereitgestellt, damit in der berühmten „Martern aller Arten"-Arie Flöte, Oboe, Violine und Violoncello sich gut hören, wenn sie mit Konstanze um die Wette konzertieren! Es gibt lustige Janitscharenchöre, ausgesprochene Klamauknummern wie das Saufduett (*Vivat Bacchus*), ein abwechslungsreiches Quartett mit einer schallenden Ohrfeige als Höhepunkt, aber es gibt auch ein sehr ernstes Duett: Als Belmonte und Konstanze annehmen müssen, dass Bassa Selim beide hinrichten lassen wird ...

Bassa Selim, der Herr des Serail, wandelt sich von einer tragischen zu einer erhabenen Figur. Er singt nicht – eine Musik für ihn würde den Singspielrahmen gesprengt haben, er wird von einem Schauspieler dargestellt. Bassa Selim verzichtet auf Konstanze (*mögen Sie nie bereuen, meine Hand ausgeschlagen zu haben*), und er verzichtet darauf, sich an Belmonte zu rächen, obwohl er Grund dazu hätte ...

Ein heiteres Vaudeville (Rundgesang) mit Da Capo des größten Lacherfolgs der Oper: Osmins wild um sich schlagenden Abgang mit Tschingderassabumm beschließt die Oper, nach der schon bald alle Leute närrisch wurden.

Jedem muss auffallen, wie oft und wie zärtlich der Name Konstanze erklingt – schließlich wandelte der junge Mozart auf Freiersfüßen ...

UA Wien 1782

# DIE HOCHZEIT DES FIGARO

*Figaro*-Aufführungen gelingen immer! Die Arien fordern den ganzen Sänger, die Ensembles den ganzen Darsteller, die lebhaften Rezitative den ganzen Kopf; das Orchester muss ganz auf der vordersten Stuhlkante sitzen, der Dirigent muss Tempi, Übergänge und viele Einsätze ganz sauber angeben. Niemand darf – und niemand will sich bei diesem Meisterwerk gehen lassen, deshalb gelingen *Figaro*-Aufführungen immer: drei Stunden freudige Hochleistung!

Ein flüsterndes, sausendes „tolles" Motiv, ein Takt, zwei Takte, vier Takte – ohne Betonungen, ohne Crescendo hinauf und hinab, dann ein Augenzwinkern der Bläser und ein Tutti wie ein schallendes Lachen – ein toller Tag beginnt! Schon die Ouvertüre weckt Schmetterlinge im Bauch ...

Alle sind toll an diesem Tag, alle fühlen Schmetterlinge: nicht nur Figaro und Susanna (Bedienstete), deren Hochzeit bevorsteht, auch der Graf, der noch schnell vorher ... auch die Gräfin, die endlich wieder ..., Marzelline (Gouvernante), die entweder oder ..., Bartholo (Anwalt), der wenigstens ..., Barbarina (Gärtnerstochter), die zum ersten Mal ..., und vor allem Cherubino, der am liebsten alle ...

Der kleine Cherubin ist der personifizierte Amor. Gesungen von einem Mezzo, verströmt er knabenhaft frühpubertären Charme – Vorbild für Hänsel, Octavian und andere Hosenrollen.

Beaumarchais' Theaterstück *Der tolle Tag* wird noch heute – neben Mozart – gespielt. Es erschien am Vorabend der französischen Revolution und war hochaktuell. Mozarts genialer Librettist Lorenzo Da Ponte milderte die politischen Schärfen und profilierte die menschlichen Schwächen. Im *Figaro* stehen keine Buffoschablonen auf der Bühne, sondern Menschen, deren Tun, auch wenn es fragwürdig ist, nachvollziehbar bleibt.

Das große Finale des zweiten Aktes ist beispiellos in seiner dramatischen Steigerung bis zur Pause. Höfischer Tanz (Fandango) und Bauerntanz sind in die intrigenreiche Handlung einbezogen. Ein duckmäuserisch gewitzter Musiklehrer (Basilio) und ein betrunken grölender Gärtner (Antonio) sorgen für Komik.

Die alle Standesgrenzen aufhebende, aus Herzensnot entstandene Freundschaft zwischen der Gräfin und Susanna – bis zum Rollen- und Stimmtausch im Briefduett – berührt tief.

Dass der Graf im nächtlichen Parkpavillon die Gräfin (sie kommt zum Rendezvous in Susannas Kleidern) mit ihr selbst betrügt, ist ein erotisches Detail von Hofmannsthal'scher Finesse.

Der schönste Moment der Oper ist, wenn der Graf vor der Gräfin niederkniet und um Verzeihung bittet. Eine bange Generalpause lang weiß niemand, ob sie ...; was sie dann sagt und singt, vom ergriffenen Ensemble leise nachempfunden, ist unvergesslich.

Figaro ist im Laufe des Abends ehereif geohrfeigt worden: dreizehnmal – wenn das kein gutes Omen ist! Nun steht Figaros Hochzeit nichts (und niemand) mehr im Wege. Vielleicht sollte man dies als Sitte einführen?

UA Wien 1786

WOLFGANG AMADEUS MOZART

# DON GIOVANNI

*Figaro* hatte in Prag Furore gemacht, *Don Giovanni* sollte daran anknüpfen – stolz zitiert Mozart in der Festmusik sich selbst,
und Leporello kommentiert kauend: „Die Musik kommt mir äu-
ßerst bekannt vor!"

Wer ist Don Giovanni? Für sein Selbstgefühl braucht er die Bestä-
tigung, unwiderstehlich zu sein. Frauen interessieren ihn nicht
wirklich - „Verflossene" erkennt er nicht wieder. Seine Opfer aber
klammern sich an das Erlebnis Don Giovanni, obwohl es (immer)
negativ verlief. Eine „Ex" versucht ihn zu bekehren, sein Biograf
schreibt an einem Fortsetzungs-(schund-)roman, ein junges Bau-
ernpaar kommt mit zerschlagenen Knochen und zerkratzter Beziehung davon. Der Mord an dem Komtur, welcher ihn bei der Ver-
gewaltigung seiner Tochter Anna stellt, wird ihm zum Verhängnis.

Mit dem Bild des Komturs – dem steinernen Gast – beginnt die
Ouvertüre: Kalt und unerbittlich greift dessen Hand nach dem
Wüstling. Klingt der dreimalige d-Moll-Akkord hier wie eine
Mahnung aus der Zukunft, so macht der flammende dreimalige verminderte Septakkord am Schluss, verstärkt durch die Ge-
richtsposaunen aus der Friedhofsszene, unmissverständlich
klar, dass der Augenblick der Bestrafung gekommen ist.

Dieser Augenblick ist zugleich die Geburtsstunde der Roman-
tik: von der Giovanni-Musik schossen Blitze in die Köpfe von
E.T.A. Hoffmann, Carl Maria von Weber, Hector Berlioz und
Richard Wagner. Der Einbruch des Übersinnlichen in die Norma-
lität – das ist der „Prager" Mozart. Goethe wünschte, dass Mozart
„Faust" komponieren möge – sicher dachte er an diese Musik.

Donna Anna ist eine traumatisierte Frau: das schmerzverzerrte Rezitativ ihrer ersten Arie und der zerstörte Ton ihrer zweiten eröffnen bisher unerhörte Ausdrucksdimensionen. Don Ottavio kann die Leiden seiner geschändeten Braut nur beklagen – da der Tenor der späteren Wiener Aufführung die ihm zugedachte Arie nicht singen wollte oder konnte, schrieb Mozart ihm eine neue – seitdem klagt Don Ottavio zweimal sehr einfühlsam (und etwas zu edel).

Zwischen drohendem Anfang und höllischem Schluss spielt sich ein (meist nächtliches) Dramma giocoso ab – mit Bauernhochzeit, Maskenfest, Serenade, Verkleidung, mit höhnischem Lachen und roher Gewalt. Die wilde Champagnerarie leitet eine musikalische Collage-Szene ein: zu einem graziösen Menuett werden gleichzeitig ein derber Contretanz und ein beschwingter „Deutscher" gespielt und getanzt, bis aus dem Nebenraum Zerlina um Hilfe schreit. Der entlarvte Don Giovanni flieht auf einen Friedhof. Dort sieht er die Statue des ermordeten Komturs und zwingt seinen zitternden Diener Leporello, diesen zum Nachtmahl einzuladen – und der steinerne Gast klopft an ...

In der Wiener Aufführung ließ man die Oper mit Don Giovannis Höllenfahrt enden. Mein Vater Fritz Husmann – Theaterzeichner in Hamburg von 1928-58 – hatte 1942 in der Hamburger Staatsoper einen solchen Schluss erlebt. Dreißig Jahre später erinnerte er sich: „Vielleicht sollten die Besucher mit dem erlösenden Bild des bestraften Wüstlings nachhause geschickt werden, aber theatralisch ist es schlecht: Die anderen müssen noch einmal auftreten und nach ihm fragen. Man muß spüren: Er war ein Verbrecher, aber ohne ihn sind alle – nichts."

UA Prag 1787

# COSI FAN TUTTE

Die Ouvertüre beginnt wie mit einer Begrüßung: Willkommen zur Opera buffa! Aber ich verspreche: Heute wird Euch das Lachen vergehen, denn *cosi fan tutte – so machen's alle!* Dann setzt sich ein wirbelndes Karussell in Bewegung – die Holzbläser müssen sich gut festhalten!

Die italienische Sprache unterscheidet zwischen *tutti* (alle überhaupt) und *tutte* (alle Frauen) ...

Dem erfahrenen Alfonso gehen die Grünschnäbel Ferrando und Guglielmo mit ihren Hymnen über die Treue ihrer Bräute auf die Nerven: Er könne beweisen, dass die Damen binnen einem Tag fähig zur Untreue seien – die Wette gilt! Der Tenor ist mit dem Mezzosopran, der Bariton mit dem Sopran verlobt – natürlich erweist sich, dass Tenor und Sopran (das asthenische Paar), sowie Bariton und Mezzosopran (das sanguinische Paar) besser zusammenpassen. Leider müssen die falsch-richtigen Paare am Schluss wieder auseinandergerissen werden, was nicht ohne Schmerzen abgeht. Wer alles dabei untreu wurde, ist sehr die Frage!

*Cosi fan tutte* ist ein richtig-falsches Spiel, eine bodenlos amoralische Buffa – und das mit Musik von Mozart! Am Ende glaubt man auch seinen Tönen nicht mehr. Das 19. Jahrhundert machte einen Bogen um diese böse, fast abstrakte Komödie. Aber wenn man sich auf die permanente Ironie von Text und Musik einlässt, empfindet man ein diabolisches Vergnügen an den übertrieben bekenntnishaften Arien und den brillanten, luziden Ensembles.

Für seine Intrige braucht Alfonso eine Assistentin: die abgebrühte Despina (Kammermädchen bei den Damen). Diese scheint mit Männern üble Erfahrungen gemacht zu haben: Ihren Damen rät sie, den Spieß umzukehren und zum Angriff überzugehen, von Alfonso lässt sie sich bezahlen, denn „ein junges Mädchen erwartet nicht mehr viel von alten Herren ...“

Höhepunkte:

· Die „Felsenarie“ der Fiordiligi – das junge Ding hat gute Vorsätze!
· Ferrandos Lob der Liebe – so heil wird er nicht davonkommen!
· Das Lachterzett der Herren – mit tollen rhythmischen Purzelbäumen!
· Das Erwachen der scheintoten falschen Freier im fingierten Paradies – eine freche Persiflage auf alle Paradiese!
· Das sinnliche Duett des falsch-richtigen Paares Guglielmo/Dorabella – es brennt!
· Die „Reuearie“ der Fiordiligi – mit tränenreicher Anteilnahme der Hörner!
· Der scheinselige Kanon, bei welchem die falsch-richtigen Paare Weingläser schwenkend miteinander anstoßen – nur Guglielmo murmelt „möchte doch der Wein vergiftet sein“ ...

Alfonso löst das Spiel begütigend auf – es war doch nur eine Wette! Aber auch Despina – sie hat als falscher Arzt und Anwalt ihren Spaß ausgekostet – ist am Schluss das Lachen vergangen.

Sie haben nicht zu viel versprochen, lieber Mozart! Aber – *cosi fan tutte? Cosi fan tutti!*

UA Wien 1790

# DIE ZAUBERFLÖTE

Drei, durch Pausen getrennte, prachtvolle Akkorde: feierlich, ernst, strahlend – ein klassischer Anfang! Was klassisch heißt? Einheit und Vielfalt: Die Ouvertüre hat außen Sonatenform, innen läuft sie ab als Fuge. Ernst und Heiterkeit: Die Fuge ist eine weise Kunst und gehört zur Welt des Sarastro, das Fugenthema selbst ist lustig und gehört zur Welt des Papageno – die Orchestration ist meisterhaft und dabei so spaßig, dass ich als Kind beim ersten Hören in der Hamburgischen Staatsoper laut lachen musste.

Die lyrischen Arien von Pamina und Tamino, die dramatischen Arien der Königin der Nacht, die weihevollen Arien des Sarastro und die volkstümlichen Lieder des Papageno sind Inbegriff der klassischen (deutschen) Oper.

Aus dem eingebildeten Prinz Tamino wird durch die ihm auferlegten Prüfungen ein geläuterter Mensch; der Naturbursche Papageno bleibt, was er ist: Ihm können die Weisheitslehren nichts anhaben – auch darin steckt Weisheit. *Die Zauberflöte*, Heiligtum und Posse zugleich, ist die meistgespielte Oper.

Der Dreiklang der Damen und der Knaben, eine Zauberflöte und ein Wunderglockenspiel – wir befinden uns im Reich der Musik! Wo sonst könnten Löwen mit Klängen gebändigt, Feuer und Wasser musizierend durchschritten werden?

Die Freimaurer, denen Schikaneder und Mozart angehörten, sind ein humanistischer Männerbund mit Grundsätzen aus Religion (Vergebung) und Aufklärung (Vernunft). Das Bild der Frau und der Umgang mit Fremden ist uneinheitlich. Zwar heißt es:

„Ein Weib tut wenig, plaudert viel", aber auch: „Ein Weib, das Nacht und Tod nicht scheut, ist würdig und wird eingeweiht."

Sarastros Bemerkung über Monostatos' Hautfarbe sollte allerdings in der Versenkung verschwinden.

Besonders kostbar:

- Die Szene zwischen dem Sprecher und Tamino – der eine gelassen, der andere agressiv. Erst, als Tamino sich beruhigt hat, stellt er die richtigen Fragen und erhält von mystischen Chorstimmen Antwort.
- Die erste Begegnung von Sarastro und Pamina – auf Augenhöhe!
- Paminas todtraurige Arie – im Nachspiel schwemmen ihre Tränen den Takt hinweg.
- Der Chor der Priester vor Sonnenaufgang – wie schön klingen die Worte „bald, bald" ...
- Das Terzett zwischen Pamina, Tamino und Sarastro – meine Mutter, die Pianistin Adelheid Zur, liebte besonders die Stelle: „Die Stunde schlägt, nun müßt ihr scheiden"; sie drohte mir: „Wehe, du dirigierst das zu schnell!"
- Die Szene der drei Knaben mit Pamina – entzückender Wohllaut!
- Die Begegnung von Pamina und Tamino zur Feuer- und Wasserprobe – eine zarte und doch überwältigende Modulation vom dunklen As-Dur ins helle F-Dur, und zwei freie Menschen sagen: „O welch ein Glück!"

- Der feierlich langsame Marsch – die Gesichter des Flötisten und des Paukisten leuchten!
- Die schnelle letzte Verwandlung nach dem Höllensturz der Verschwörer: „Die Strahlen der Sonne vertreiben die Nacht ...“
- Die wunderbaren Harmonien zu den Worten des Chores: „Dank, Dank“ – prachtvolle Akkorde wie zu Anfang: Der Sonnenkreis schließt sich!

UA Wien 1791

# LA CLEMENZA DI TITO

Vitellia, Tochter des früheren römischen Imperators Vitellius, sieht sich durch den neuen Imperator Titus um ihre Herrschaftsansprüche gebracht. Sie fordert Sextus auf, Titus zu töten. Sextus liebt Vitellia und ist mit Titus vertraut. Hin und her gerissen zwischen Freundschaft und Liebe lässt er schließlich das Kapitol anzünden, aber Titus überlebt. Der Senat verhört Sextus und verurteilt ihn zum Tode. Titus kann Sextus' Verrat nicht fassen und nicht glauben. Ein persönliches Gespräch mit ihm bringt keine Klärung, da Sextus sich zwar anklagt, aber Vitellias Anstiftung verschweigt. Titus unterschreibt das Todesurteil und vernichtet es: Lieber will er auf die Herrschaft verzichten als einen Freund verlieren. Vitellia begreift, dass sie sich offenbaren muss – auch sie will an Sextus' Tod nicht schuld sein. Ihr Geständnis gibt Titus die Möglichkeit, allen Gnade zu erweisen.

Eine typische *Opera seria* zu einer Krönungsfeierlichkeit – vierzigmal wurde dieser auf Metastasio zurückgehende Stoff vertont! Mozart schob den Kompositionsauftrag irgendwo zwischen die Zauberflöten-Arbeiten ein, die Premiere in Prag dirigierte er sogar selbst – er brauchte das Honorar.

*Titus* zeigt die reife Handschrift des Meisters, aber der Stil ist der formalen Anlage und dem politischen Inhalt entsprechend kalt und dürr, das Werk wirkt den Umständen geschuldet erschöpft und routiniert. Die Cembalo-Rezitative ließ Mozart seinen Schüler Franz Xaver Süßmayr schreiben.

*Titus* ist ein wahres Stimmfest: Im Mittelpunkt steht ein nobler Tenor (Titus), ihm zur Seite ein dramatischer (Vitellia) und ein lyrischer (Servilia) Sopran. Die virtuose Partie des Sextus und die anmutige des Annius waren ursprünglich für Kastraten gedacht, wurden aber schon in Prag von Mezzosopranistinnen gesungen – diese lieben die Oper sehr!

Zwei Arien mit obligaten Instrumenten fallen auf: eine für Sextus mit Klarinette und eine für Vitellia mit Bassetthorn. Beide wurden wohl von dem mit Mozart befreundeten Klarinettisten Anton Stadler geblasen, für den Mozart in den nächsten, letzten Monaten seines Lebens auch noch ein Klarinettenkonzert schreiben sollte.

In der *Zauberflöte* und im Klarinettenkonzert gibt es nur Herztöne – in *Titus* finden sich keine. Trotzdem spürt man Mozarts Genie auch hier: in der Einfachheit, Klarheit und Überlegenheit der Musik – für die Glaubwürdigkeit des Stoffes war er nicht verantwortlich.

UA Prag 1791

WOLFGANG AMADEUS MOZART

# SINFONIE D-DUR, KV 385

## Haffner-Sinfonie

Auf Bestellung der befreundeten Salzburger Kaufmanns- und Bürgermeisterfamilie Haffner hatte Mozart schon 1776 eine Serenade für eine Hochzeit geschrieben; diesmal ging es um eine Festmusik für eine Erhebung in den Adelsstand. Mozart stand unter Zeitdruck: „Ich muß die Nacht dazu nehmen, anderst kann es nicht gehen". Er hatte *Die Entführung aus dem Serail* eben hinter sich und die Vorbereitungen zu seiner Hochzeit mit Constanze Weber vor sich. Als er den ersten Satz seinem Vater schickte, schrieb er dazu: „Mein Herz ist unruhig, mein Kopf ist verwirrt." Kurz nach der Aufführung erbat er die Noten für eine Akademie in Wien zurück und stellte fest: „Die Haffner-Sinfonie hat mich supreniert (überrascht) – dann (denn) ich wußte kein Wort mehr davon – die muß gewiß guten Effect machen!" Er reduzierte die Sinfonie jetzt auf vier Sätze und führte sie mit sehr gutem Effekt auf – auch der Kaiser applaudierte begeistert.

Ist es nicht, als spiegelte sich in der Haffner-Sinfonie Mozarts junge Ehe?

Das männlich imponierende Hauptthema des ersten Satzes Allegro con spirito mit seinem raumgreifenden Anfangsintervall (zwei Oktaven!) und seinem bestimmenden Rhythmus, der sich aber im weiteren Verlauf als sensibel und spirituell erweist, beherrscht den ganzen Satz und trägt das weiblich anmutige Seitenthema auf den Händen. Dieses – mangels eigenem Bassfundament anlehnungsbedürftig – sinkt in liebevoll gestikulierender Zweistimmigkeit dem Hauptthema in die Arme … daraus entwickelt sich eine „reife" Schlussgruppe: Das Hauptthema wird „wesentlich" (um die Hälfte verkürzt), zeigt sich „ernsthaft" (in einer Moll-Variante) und kadenziert freudig.

Schade, dass Vater Mozart diese Musik nicht verstand (oder verstehen wollte) und mit seinem Missmut über die Heiratspläne seines Sohnes diesem das *Herz unruhig* und den *Kopf verwirrt* machte.

Im Andante beginnt das Hauptthema „artig", nähert sich aber bald schäkernd dem tänzelnden Seitenthema. Ein klangvoller Mittelteil über dunklen Bassgängen bildet den ernsten Kontrast.

Das Menuett zeigt zwei Gesichter: ein offizielles und ein schelmisches; die Pause dazwischen kaschiert – kompositorisch meisterhaft – einen harmonischen Trick: Die Tonart sackt ab – das schelmische Gesicht erscheint nicht neben, sondern unter dem offiziellen.

Das Trio – ein schmuckes Brautlied in hellem A-Dur – hat das Zeug zu einem Schlager.

Das Hauptthema des Finale presto streckt zweimal frech die Zunge heraus, dann läuft es ab – lautes Lachen folgt. Das Seitenthema – mit seinen edlen Harmonien – droht mit dem Zeigefinger, muss dabei aber selbst lächeln. Zwischen den beiden Themen dieses Rondos zucken ausgelassene Achtelfiguren wie blitzender Lebensmut ...

„Das erste Allegro muss recht feurig gehen", schrieb Mozart, „das letzte so geschwind, als es möglich ist" – viel Glück!

UA Wien 1783

# SINFONIE C-DUR, KV 425

## *Linzer Sinfonie*

„Dienstag als den 4:ten November werde ich hier im theater aca-
demie geben – und weil ich keine Simphonie bey mir habe, so
schreibe ich hals und kopf an einer Neuen, welche bis dahin fertig
seyn muß" (Brief vom 31. Oktober). Nach dem unerfreulichen ersten Besuch Mozarts mit seiner Frau Constanze bei seinem Vater
in Salzburg erholten sich beide auf der Rückreise in Linz, wo sie
vom alten Grafen Thun zuvorkommend aufgenommen wurden.

Leopold Mozart mag Gründe gehabt haben, die Umstände der
Verheiratung seines Sohnes zu missbilligen, aber seine abwei-
sende Haltung Constanze gegenüber legte sich Wolfgang Amadeus schwer auf die Seele – ist es nicht, als spiegelte sich dieses
in der Linzer Sinfonie?

Auf einem Notenblatt hatte sich Mozart Themen Haydnscher
Sinfonie-Einleitungen notiert. Haydns langsame Einleitungen
sind immer Schöpfungsbericht: bescheiden und staunend, ein-
fach und groß. Mozarts Einleitungen sind immer Auftritt und
persönlicher Situationsbericht – er war von Kindheit an ge-
wohnt, aufzutreten und im Mittelpunkt zu stehen.

Drei offizielle Begrüßungstakte Adagio – dann bricht die Erinnerung an den Besuch in Salzburg durch: Mit offenen Armen ging
das Paar auf den Vater zu – das warme Thema der zweiten Violinen und der hochgestimmte Einsatz der ersten Violinen – und
wurde zurückgewiesen. Mit schmerzvollen Akzenten erreicht
die Einleitung ihre Fermate ...

Sinfonien mit Einleitungen erleichtern ihrem Hauptthema das Leben: Die Türen sind schon offen, die Schmerzen schon ausgestanden. Das Allegro-spiritoso-Hauptthema macht auf dem Absatz kehrt und geht. Wie erleichtert schließt es mit einem Halleluja-Ausruf: Es ist ausgestanden, man muss nach vorn schauen!

Auch in das Andante – ein herzensgutes Siciliano – bricht das Salzburger Trauma ein: Eine missmutige f-Moll-Episode in der Mitte muss ausgehalten werden ...

Das Menuett wendet sich ganz den Gastgebern zu – prachtvoll und marschmäßig zieht es ein. Sein Trio ist ein intimer Dialog, ganz piano, ganz grazioso.

Das Finale presto rennt alles über den Haufen, will vergessen, will leben und leben lassen – eine Freude für jedes Orchester!

Die *Linzer Sinfonie* – in vier Tagen niedergeschrieben, ausgeschrieben, einstudiert und aufgeführt – soll man in Salzburg doch maulen!

UA Linz 1783

# SINFONIE D-DUR, KV 504

## *Prager Sinfonie*

Als Mozart im Januar 1787 mit seiner Frau nach Prag reiste, um die *Figaro*-Begeisterung der Prager zu erleben, hatte er eine neue Sinfonie im Gepäck, die dort uraufgeführt wurde und seitdem *Prager Sinfonie* heißt. Von dieser Reise brachte er den Kompositionsauftrag für *Don Giovanni* mit nach Wien.

So weit die historischen Daten – trotzdem sind sich alle Musiker darin einig, dass Mozart hier schon die *Don Giovanni*-Atmosphäre allgemein, und in der Adagio-Einleitung besonders die der Komturszene – den Auftritt des von Don Giovanni ermordeten Vaters der Donna Anna, welcher ihn nun vor das ewige Gericht lädt – in einer packenden sinfonischen Vision vorweggenommen hat. Das Allegro-Hauptthema ist dem der *Don Giovanni* Ouvertüre auffallend ähnlich: Aus brodelnder Tiefe bildet sich ein helles, böses Lachen. Der Duktus der Sinfonie ist dramatisch-opernmäßig, die Gestik elegant und unbändig. Das Presto-Finale hat die Rasanz von Giovannis Champagnerarie.

Niemand hat den Eindruck dieser Musik treffender beschrieben als Eduard Mörike in seiner Novelle „Mozart auf der Reise nach Prag": „Es war ... so gewiß, so ganz gewiß, dass dieser Mann sich schnell und unaufhaltsam in seiner eigenen Glut verzehrte, dass er nur eine flüchtige Erscheinung auf der Erde sein könne, weil sie den Überfluß, den er verströmen würde, in Wahrheit nicht ertrüge ..."

Die *Prager* hat nur drei Sätze – wo ist das übliche Menuett vor dem Finale? Generationen von Forschern haben nach dem Menuett oder nach Erklärungen für sein Fehlen gesucht, aber niemand hat wohl in die Partitur geschaut – dort hält es sich verborgen: Der zweite Satz Andante G-Dur 6/8 (also doppelter Dreiertakt) beginnt zwar mit einem elegischen, stark chromatisch getrübten Thema über bewegungslosem Bass, aber schon nach acht Takten tritt sein unterschwelliger Tanzcharakter mit eindeutigen Menuettschritten hervor. Der zweite Satz hat ein doppeltes Gesicht: Elegie und Menuett – wie Weinen und Lachen.

Möglicherweise hat Mozart im Bewusstsein, dass das Menuett im Andante schon anwesend ist und ein weiterer Satz im Dreiertakt überflüssig wäre, gleich das *Presto* folgen lassen. Das Rätsel des fehlenden Menuetts wäre dann im Geheimnis des vieldeutigen zweiten Satzes, der somit zum Mittelpunkt der *Prager Sinfonie* wird, geborgen – dort ist es gut aufgehoben!

UA Prag 1787

# SINFONIE ES-DUR, KV 543

Vom ersten Akkord an spürt man: Der Bläserklang ist anders, ist neu. In dieser Sinfonie treten die Klarinetten nicht zu den Oboen hinzu, sondern an deren Stelle. Der warme, schimmernde Ton der Klarinetten färbt im Zusammenspiel auf den Klang der Fagotte und Hörner ab. Auch die Tonsprache ist anders, ist neu: Mozarts Stil 1788 ist nicht mehr elegant und verbindlich, sondern ungeschminkt und direkt. Man könnte vom romantischen Mozart sprechen, aber – um kein Missverständnis zuzulassen – romantisch war ihm wahrlich nicht zumute: die Es-Dur-Sinfonie entstand zwischen Bittbriefen aus bitterer finanzieller Not an den Logenbruder Michael Puchberg.

Die Adagio-Einleitung – von der Pauke geführt – beginnt wie eine Einladung: „Kommen Sie doch zu mir und besuchen mich, ich habe in den 10 Tagen, dass ich hier wohne, mehr gearbeitet als in anderen Logis in 2 Monat." Nach drei großen harmonischen Portalen tritt der Besucher in die Werkstatt – und erschrickt, denn gerade stockt der Elan des Meisters, und die Elemente der Einleitung treiben ziellos durcheinander: „Und kämen mir nicht so schwarze Gedanken (die ich mit Gewalt ausschlagen muss), würde es mir noch besser von Statten gehen." Schrille Dissonanzen erzwingen den Fortgang, dann sinkt die Einleitung melancholisch in sich zusammen ... der Allegro-Hauptteil wagt kaum einzusetzen. Seine Themen sind schön, aber bleich (sempre piano), kunstvoll in Kontrapunktik und Instrumentation, aber voll schwarzer Gedanken ... Die kämpferischen Tutti schlagen diese mit Gewalt aus; ihr trotziger Gestus klingt schon fast wie Beethovens fünfzehn Jahre später entstandene *Eroica* – gleiche Tonart (Es-Dur), gleiche Taktart (¾), aber anderer Geist und andere Zeit ...

Das Andante con moto ist formal ein Rondo mit Variationscharakter: A1-B1-A2-B2-A3; dem ruhigen Tempo angemessen sollte man von einem schreitenden Reigen sprechen. Der Dichter E.T.A. Hoffmann (er gab sich selbst aus Liebe zu Mozart den dritten Vornamen Amadeus) schrieb 1810 – romantisch einfühlsam – dazu: „Liebe und Wehmut tönen in holden Stimmen, die Nacht der Geisterwelt geht auf in hellem Purpurschimmer, und in unaussprechlicher Sehnsucht ziehen wir den Gestalten nach ..." Intensivster Ausdruck dieser Sehnsucht ist eine lang gezogene Melodie der Violinen kurz vor Schluss, die in einem Akkord von „unaussprechlichem" Schmerz gipfelt – in der Musiksprache ein fes-Moll Quintsextakkord als verminderter Dominantseptnonakkord mit kleiner Sext als Vorhalt zur Quint ...

Das Menuett klingt nicht mehr höfisch: Es hat Straßenschuhe an, die Bläserakkorde trampeln auf dem Pflaster, die Melodie teilt deftig aus. Umso zauberhafter wirkt das Trio: ein volkstümlicher Ländler mit schelmischen Echoeffekten.

Zum Allegro-Finale streckt der Dirigent die Taktstock-bewehrte Rechte vor, gibt mit der Linken am Frackrevers für die Violinen vier Schläge voraus, bei Vier! zuckt der Taktstock, und die Violinen setzen ein – ein heikler Anfang, ein ungestümer Satz! Wie gepeitscht geht es über die Saiten! Die Tür zur Durchführung wird aufgetreten, dann bekommen alle den Kopf gewaschen! Am Schluss schmeißt Mozart – von außen – die Tür zu.

Dieser abschnappende Schluss gefiel nicht allen, aber das interessierte Mozart nicht mehr – zu seinen Lebzeiten war die Sinfonie nie erklungen; wir aber dürfen uns einen Fußtritt von Mozart gern gefallen lassen!

Entstehungszeit 1788

# SINFONIE G-MOLL, KV 550

Ob diese Sinfonie zu Mozarts Lebzeiten aufgeführt wurde, ist unsicher; sicher ist, dass sie schon zehn Jahre nach Mozarts Tod sehr beliebt und für die Romantik „die Sinfonie der Sinfonien" war. Was faszinierte die Romantik an dieser Sinfonie? Vielleicht: das Geheimnis ihrer Entstehung – ohne Anlass, ohne Auftrag, in persönlich und beruflich schwieriger Lage nur um ihrer selbst willen und für die Nachwelt geschrieben ... Sicher: Das Geheimnis ihres Wesens – allem äußeren Aufwand abhold (ohne Trompeten und Pauken), leidenschaftlich im Ausdruck und unentrinnbar in ihrem Schmerz gefangen (Kopf- und Finalsatz in düsterem g-Moll). Die Romantik projizierte ihre eigene Ichbezogenheit in ein klassisches Werk, das freilich in seiner thematischen Gereiztheit und harmonischen Hitze ihr sehr entgegenkam.

Das Hauptthema des ersten Satzes könnte als Text die Worte Cherubins tragen: *Ich weiß nicht, wo ich bin, was ich tue* – ein sehr sprechendes, vor Erregung bebendes Thema. Das Seitenthema wird zwischen Streichern und Bläsern hin und her gerissen, und glüht in chromatischer Harmonik. Die Durchführung entbindet starke dramatische und dynamische Kräfte, dabei dreht sich alles manisch um das Hauptthema, welches schier aufgerieben wird. In der Coda nimmt eine zuckende Sequenz Paminas Selbstmordszene vorweg, dann ruft ein resignativer Nachsatz nach biografischer Deutung.

Die pulsierende Bewegung im Andante verdichtet sich erst nach drei Takten zu einem Thema, dann glauben wir schon Tamino zu hören: *Ich fühl es, ich fühl es.* Das Thema passt in kein Schema und hat doch klassisches Ebenmaß: acht Takte, die ein ganzes Leben ausdrücken. Das zarte Seitenthema klingt wie der Nachruf auf eine Nachtigall. Dann fasst eine dunkle, ominöse Harmonienfolge kadenzierend den Satz zusammen.

Dem Menuetto ist nicht nach Tanzen zumute – der Ton ist schroff, der Rhythmus wirft den Tänzern Knüppel vor die Füße. Das Trio ist die einzige Episode in G-Dur – ein blasser, milchiger Schimmer fernen Lebens.

Kopfsatz und Finalsatz trugen ursprünglich die gleiche Tempobezeichnung: Allegro assai, dann änderte Mozart den Kopfsatz in Allegro molto – vermutlich, um die Dummköpfe unter den Dirigenten daran zu hindern, beide Sätze gleich schnell nehmen zu wollen!

Das Finale ist drohend entschlossen! Mozarts schwarze Gedanken, die er sonst mit Gewalt zügeln musste, hier lässt er ihnen freien Lauf. Die Tutti sind lang und wild; es herrscht eine finstere Brillanz, denn selbst Zorn zu komponieren macht Spaß! Die Romantik empfand das zarte, empfindliche Seitenthema (besonders in der letzten g-Moll-Version) sicher als Liebesbrief; wir würden heute eher an einen Abschiedsbrief denken.

Gut, dass die g-Moll-Sinfonie keine Autobiografie, sondern nur ein klassisches Werk ist! Keine romantischen Deutungen bitte – sie könnten wahr sein.

Entstehungszeit 1788

WOLFGANG AMADEUS MOZART

# SINFONIE C-DUR, KV 551

## *Jupiter-Sinfonie*

„Besuchen Sie mich, ich bin immer zu Hause" – lud Mozart seinen Logenbruder Puchberg ein, den er in akuter Geldnot um Hilfe gebeten hatte. Da Wien Mozart gerade vergaß, fand dieser
Muße, drei Sinfonien hintereinander zu schreiben. Dabei kam
er „der Welt abhanden": Hatte er in der Es-Dur-Sinfonie sein
Herz ausgeschüttet, in der g-Moll-Sinfonie seinen schwarzen Gedanken freien Lauf gelassen, so konnte er nun plötzlich fliegen:
schwerelos in den Olymp des musikalischen Geistes.

Die C-Dur-Sinfonie ist altmeisterlich und avantgardistisch, ein-
fach und groß, kunstvoll und spielerisch – nicht ohne Grund
nannte man sie bald *Jupiter-Sinfonie.* Zu Mozarts Lebzeiten
wurde sie wohl nicht gespielt, aber aus ihrem Jupiterkopf – gemeint ist vor allem das polyphon sprühende Finale – zuckten
Blitze weit ins 19. Jahrhundert hinein. Das Sinfoniefinale, das
kein Kehraus mehr ist, sondern Hauptstück, war erfunden, und
zündete in den Köpfen von Beethoven, Brahms, Bruckner und
Mahler.

Allegro vivace: Das Hauptthema klopft dreimal an und verbeugt
sich. Das gut gelaunte Tutti bittet den Gast herein. Im Seitenthema entwickelt sich eine muntere Unterhaltung (zwischen Violinen und Bässen). Nach einer hochdramatischen Pointe (Generalpause!) schütteln sich alle vor Lachen. Da erscheint ein dritter
Gast (Schlussgruppe): ein bezauberndes Wesen, das alle Auf-
merksamkeit auf sich zieht und fast die ganze Durchführung beherrscht ...

Andante cantabile: Das Hauptthema (Violinen mit Dämpfer) macht ein tiefes Kompliment – und alle Anwesenden stimmen zu (Forte-Akkord). Es folgen eine sehr herzliche Wendung (Oboen) und ein sehr persönlicher Nachsatz (Flöte, Fagott) – dann beginnt ein vertrauliches Zwiegespräch ...

Das volkstümliche Menuetto Allegretto hat einen normal entwickelten ersten Teil (16 Takte), dann aber schlägt die Fantasie über die Stränge und findet kein Ende ...

Das Trio wirkt gedankenverloren – weilen die Gedanken schon beim Finale? Dessen Cantus firmus (Hauptthema) ist nämlich (im Forte) schon dabei ...

Das Finale Allegro molto ist in der äußeren Form ein Sonatensatz, in der inneren Struktur eine Fuge mit fünf Themen. Diese sind alle „theaterbegabt", sodass die Fuge ausgesprochen komödiantischen Charakter annimmt:

- Erstes Thema (Hauptthema der Sonatenform): der seriöse Hausherr – ein barocker Cantus firmus (vier breite Noten) mit klassischem Nachsatz.

- Zweites Thema: ein pathetischer Clown – tritt rhythmisch auf und schlägt Purzelbäume.

- Drittes Thema: ein eitler Geck – mit aufwärts gerichtetem Blick pfeifend und trällernd.

- Viertes Thema: ein witziger Kobold – nur vier kurze Töne „immer auf dem Sprung".

- Fünftes Thema (zugleich Seitenthema der Sonatenform): die elegante Dame des Hauses – drei gewichtige Noten, dann eine Kaskade von Koloraturen.

Diese Versammlung stellt sich in der Exposition vor und stimmt in der Durchführung ein herrliches Palaver an, das in der Reprise wächst, in der Coda kulminiert und in olympischem Lachen endet ...

Nach dieser komödiantischen Sinfonie musste eine sinfonische Komödie kommen, eine richtige Opera buffa mit homerischem Gelächter, denn: so machen's alle – *Cosi fan tutte!*

Entstehungszeit 1788

# LA BOHÈME

Eine kalte Pariser Mansarde am Weihnachtsabend, vier geniale, witzige, leider völlig mittellose Intellektuelle: Der Maler Marcello, der Poet Rodolfo, der Philosoph Colline (er besitzt immerhin einen alten Mantel), der Musiker Schaunard – letzterer hat gerade Geld verdient, prahlt und predigt, gemeinsam zieht man ins Café Momus, Rodolfo bleibt zurück, um noch zu schreiben, eine junge Wohnungsnachbarin bittet um Feuer, und kurz darauf stehen beide in Flammen.

Im Café begegnen sich Marcello und Musetta wieder, sie entledigt sich ihres zahlungskräftigen Freiers, und beide fallen sich in die Arme. Dieser zweite Akt – mit aufgefächertem Chor, Kinderchor und Zapfenstreich – dauert ganze zwanzig Minuten, aber der Dirigent glaubt, zwanzig Stunden gearbeitet zu haben – Pause!

Dritter Akt: Ein Winter später, Abschied beginnt, Erinnerungen werden beschworen, die kranke Mimi zieht sich von Rodolfo zurück, Marcello und Musetta keifen sich nur noch an – ein wunderbares Quartett auf zwei Ebenen: immer erregter zwischen Marcello und Musetta, immer stiller zwischen Rodolfo und Mimi.

Der vierte Akt potenziert den ersten: die intellektuellen Albernheiten ufern aus, die Emotionen der Sterbeszene sinken ins Bodenlose. Mimi möchte Rodolfo noch einmal sehen, Musetta spendiert einen Muff für ihre kalten Hände, das ganze Opernhaus weint.

Das Leben der Boheme: eine wilde und zärtliche Musik, drastisch und knapp, ohne Umschweife, ohne Schlüsse. Bruchstücke, mit dramatischem Gespür zu einem schlüssigen Ganzen gefügt.

Mimi und Rodolfo sind das Traumpaar der Oper, aber auch die anderen Bohemiens treten plastisch hervor: Musettas brillant-schriller Auftritt im Café, ihr sirenenhaftes Walzerchanson, dem Marcello (wieder) erliegt, oder Collines stoische Ansprache an seinen Mantel, bevor er ihn im Pfandhaus versetzt, um den Arzt für Mimi bezahlen zu können.

Nach der Premiere orakelte die Kritik: „Diese Oper wird nicht lange leben" – kein Kommentar!

UA Turin 1896

GIACOMO PUCCINI

# TOSCA

Drei brutale Akkorde: Zwei tief, sich harmonisch spreizend – wie jemand sich breitbeinig in Pose stellt, der dritte hoch, grell und lang – wie ein böses Lachen. Mussolini? Göring? Nein: Baron Scarpia, der korrupte, lüsterne Chef der römischen Staatspolizei zur Zeit der Napoleonischen Kriege.

Jemand stürzt atemlos in die Andreaskirche, sucht und findet den Schlüssel zu einer Seitenkapelle. Ein Mesner schlendert mit Esskorb und Malutensilien herbei – für den Maler Mario Cavaradossi, der an einem Porträt der Maria Magdalena arbeitet. Der Mesner ist empört: Die Heilige sieht ja aus wie jene Frau, die jüngst vor der Seitenkapelle betete.

Verhängnisvoller Leichtsinn des Malers! Scarpia erkennt die Züge auf dem Porträt: Es ist die Schwester des flüchtigen Angelotti. Er lässt Cavaradossi verhaften und im Palazzo Farnese in Anwesenheit von seiner Geliebten, der berühmten Sängerin Floria Tosca, foltern. Tosca will Cavaradossi freikaufen, Scarpia fordert sie als Preis. Das Todesurteil wird in eine Scheinerschießung umgewandelt, sie selbst darf es ihm im Gefängnis mitteilen. Als Scarpia sich Tosca wollüstig nähert, ersticht sie ihn.

Im Morgengrauen besucht Tosca Cavaradossi auf der Engelsburg und schärft ihm ein, bei den Gewehrsalven theatralisch hinzufallen. Als die Soldaten abgezogen sind, ruft sie ihm zu, aufzustehen – er rührt sich nicht. Tosca springt von der Mauer der Engelsburg.

Höhepunkte:

- das Tedeum mit Orgel und Glocken in der Kirche, während sich Scarpia in sexuellen Fantasien ergeht,
- die schmerzhafte Phrase der Violinen, als Tosca den Dolch auf Scarpias Schreibtisch erblickt und erkennt, dass ihr keine Wahl bleibt,
- das ergreifende Klarinettensolo, wenn Cavaradossis Leben in seiner letzten Stunde sich zu einer einzigen bittersüßen Erinnerung zusammenzieht: als Tosca ihm zum ersten Mal im Arm lag,
- die mystischen nahen und fernen Glocken des erwachenden Rom und schließlich:
- der faszinierend-scheußliche Marsch unter dem Erschießungsritual!

Als legendär gilt die Darstellung der Tosca durch Maria Callas – aber jede Sängerin wächst in dieser Partie über sich hinaus.

*Tosca* steht als Fanal über dem beginnenden 20. Jahrhundert: Schikane gegen Kunst und Künstler, politische Verfolgungen, Folter, willkürliche Hinrichtungen, Faschismus, Kriege. Die Premiere musste wegen einer Bombendrohung unterbrochen werden – mitten in der wunderbaren Arie des Malers, vor seinem Gemälde stehend, über die Augen der Frauen.

UA Rom 1900

GIACOMO PUCCINI

# MADAMA BUTTERFLY

Im Orchester ein wildes Fugato – wie eine drohende Grimasse, auf der Bühne ein kleines Haus mit beweglichen Wänden und Terrasse auf einem Berg oberhalb des Hafens – ein lächelndes Idyll. Etwas passt nicht zusammen, Unheil liegt in der Luft. Ist es der Name der Stadt, der uns erschreckt, wenn wir gewärtigen, dass die Liebesgeschichte zwischen dem US-amerikanischen Marineleutnant B.F. Pinkerton und der japanischen Geisha Cho-Cho-San, genannt Butterfly, in Nagasaki spielt? Das 20. Jahrhundert hat eben erst begonnen, aber es hat eben schon begonnen ...

Pinkerton hat sich eine junge Japanerin zwecks Heirat vermitteln lassen – für die Zeit seiner Stationierung, später, zu Hause soll es dann eine „richtige" Amerikanerin sein. Der Konsul warnt ihn. Die Braut erscheint mit ihren Verwandten und Freundinnen. Der Bonze stört die Hochzeit: Er verflucht Cho-Cho-San, weil sie zum Glauben des Bräutigams übergetreten sei. Pinkerton wirft alle hinaus. Butterfly bereitet ihm eine berauschende Hochzeitsnacht.

Drei Jahre später, Pinkerton ist wieder in den Staaten, ein kleiner Junge spielt auf der Terrasse. Vergeblich sucht der Konsul, Butterfly – Mrs. B.F. Pinkerton – darauf vorzubereiten, dass Pinkerton wiederkommt – mit seiner amerikanischen Frau. Butterfly schmückt mit ihrer Dienerin Suzuki das Haus für den Empfang mit Blumen und Zweigen, dann stellt sie sich ans nächtliche Fenster, späht nach dem einlaufenden Kriegsschiff und wartet ...

Am nächsten Morgen wartet sie immer noch. Kate Pinkerton erscheint, sie möchte das Kind adoptieren. Butterfly stimmt zu, er soll es abholen „in einer halben Stunde".

Puccini führt westliche Harmonik und östliche Pentatonik kraft seiner Italianitá geschickt zusammen.

Musikalische Höhepunkte:

- das Herannahen der Hochzeitsgesellschaft,
- das Hochzeitsduett – sehr erotisch, dabei immer mit dem Fluch des Bonzen im Hintergrund,
- das Blumenduett Butterfly/Suzuki, wenn beide das Haus schmücken,
- das große Zwischenspiel des Wartens (mit Chorstimmen und Viola d'amore),
- der Abschied Butterflys von ihrem Kind und ihr Harakiri.

Der Tenor Helmut Meutsch sagte, er verließe als Pinkerton das Theater immer durch einen Nebenausgang. Aller Herzen schlagen für die kleine Cho-Cho-San, die in unerschütterlicher Liebe zu einer großen, leidensstarken Frau wird – ihr musste in Puccinis Werk irgendwann die hassende, rächende, männermordende *Turandot* folgen.

UA Mailand 1904

ハ゛タフライ

119

GIACOMO PUCCINI

# TURANDOT

Der Orchestergraben wird zur archäologischen Waffenkammer – allein zwölf bronzene chinesische Gongs glänzen in der Tiefe! Das gewaltige Kopfthema wirkt wie ein riesiges chinesisches Schriftzeichen – vier breite Pinselstriche, dann ein zuckender Abschluss: ein Todesurteil – das wievielte?

Der Prinz von Persien konnte die Rätsel der Turandot nicht lösen – alles schreit nach dem Henker. Auch Prinz Kalaf ist ihr schon verfallen – sein alter Vater Timur und dessen junge Dienerin Liu vermögen ihn nicht davon abzuhalten, den großen Gong zu betätigen: Auch er möchte Turandots Gemahl werden.

Prinzessin Turandot geht es nicht um den rätselkundigsten Bewerber, sie will jeden umbringen, um eine misshandelte Urahnin zu rächen. Sie ist der pure Hass, Kalaf die pure Liebe. Er löst ihre Rätsel, deren drittes – ihr Name – sie selbst ist. Als sie sich dennoch weigert, ihn zum Gemahl zu nehmen, gibt er ihr seinerseits ein Rätsel auf: Errät sie bis zum Morgen seinen Namen, darf sie über ihn verfügen.

Keiner schlafe! Ganz China muss den Namen suchen. Als man den alten Timur foltern will, lenkt Liu von ihm ab: Sie allein wüsste den Namen. Dann ersticht sie sich. Kalaf selbst verrät Turandot seinen Namen und gibt sich ganz in ihre Hand. Da verkündet sie dem Volk: Er heißt Gemahl!

Die Oper hat drei Ebenen: Die dramatischen Volksszenen, die grotesk-scherzohaften Szenen der drei Minister Ping, Pang, Pong, und die lyrischen Szenen der Liu.

Ein chinesisches Märchen aus ferner Vergangenheit wird durch Puccinis glühendes Melos hautnahe Gegenwart – die kompositorischen Mittel weisen in die Zukunft: Atonale Motive, bitonale Ostinati und wirbelnde Taktwechsel.

Puccini starb vor Beendigung der Partitur. In der Premiere brach Toscanini vor dem Schlussduett ab, erst seit der zweiten Aufführung wird die Oper mit der Ergänzung von Franco Alfano gespielt.

Mit der Prinzessin Turandot schuf Puccini eine eisige Kunstfigur, sein Herz schlug für die Dienerin Liu – auch Prinz Kalaf hatte einst ihr zugelächelt, vielleicht ist sein dramma lirico eigentlich ein Requiem für Liu ...

UA Mailand 1926

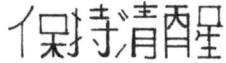

# DAS LIED VON DER ERDE

## Sinfonie für eine Tenor- und eine Alt- (oder Bariton-) Stimme und Orchester

Das letzte Lied des Zyklus *Der Abschied* trägt die Tempo- und Charakterbezeichnung *schwer*. Das Jahr 1907 war schwer für Mahler: Es war der Abschied von seiner älteren Tochter (Maria Anna starb mit vier Jahren an Diphtherie), es war der Abschied von Wien (aufgrund einer Pressekampagne mit antisemitischen Untertönen trat er von der Direktion der Staatsoper zurück), und der Abschied vom Glauben an die eigene unerschütterliche Kraft (es wurde eine gefährliche Herzkrankheit festgestellt) – ein Jahr des Abschieds.

In dieser Stimmung stürzte sich Mahler in die Komposition der alten chinesischen Gedichte. Er zögerte, den Zyklus als Sinfonie zu bezeichnen (obwohl die formale Erwartung an diese Gattung – nicht zuletzt durch Mahlers bisherige Werke – längst aufgeweicht war), weil es seine *Neunte* gewesen wäre, und es waltete der Aberglauben, dass nach dieser der Tod käme.

Die fertige Partitur gab Mahler seinem vertrauten Kollegen Bruno Walter zu lesen. Dieser vermerkte erschüttert: „Ist es wirklich derselbe Mensch, der in Harmonie mit dem Unendlichen den Bau der Achten errichtet hatte, den wir nun im Trinklied vom Jammer der Erde wiederfinden? Der einsam im Herbst zur trauten Ruhestätte schleicht, nach Erquickung lechzend? Der mit freundlichem Altersblick auf die Jugend, mit sanfter Rührung auf die Schönheit schaut? Der in der Trunkenheit Vergessen des sinnlosen irdischen Daseins sucht und schließlich in Schwermut Abschied nimmt? Es ist kaum derselbe Mensch und Komponist.

Die Erde ist im Entschwinden, eine andere Luft weht herein, ein anderes Licht leuchtet darüber ..."

Als Walter die Partitur Mahler zurückbrachte, vor Ergriffenheit kaum fähig, darüber zu sprechen, schlug dieser das letzte Lied *Der Abschied* auf und fragte ihn: „Was glauben Sie? Ist das überhaupt zum Aushalten? Werden sich die Menschen nicht danach umbringen?" Dann wies er auf die rhythmischen Schwierigkeiten hin und fragte scherzend: „Haben Sie eine Ahnung, wie man das dirigieren soll? Ich nicht!"

Mahler hätte es – mit seiner despotischen Art, die Musiker zu zwingen, „über sich hinauszuwachsen" – nicht gekonnt. Aber Bruno Walter, Dirigent der Uraufführung, konnte es – mit seiner vertrauensvollen Art, die Musiker zu motivieren, sich persönlich einzubringen. Nicht zuletzt deshalb wurde und ist er bis heute der authentische Mahler-Interpret.

Bei Aufführungen dieses Werkes kann man beobachten: Wenn der Dirigent tobt, sitzt das Orchester da wie eine verstockte Schulklasse; wenn der Dirigent nur ruhig den Zeitrahmen vorgibt, gerät das Orchester in Bewegung: Alle fühlen sich zur seelischen Mitarbeit aufgefordert. Das bekommt der Musik gut, in welcher auch Mahler über sich hinauswuchs.

Anton von Webern, Komponist des kurzen Augenblicks, sagte über das Werk des langen Abschiedsblicks: „Es ist unglaublich schön. Es ist nicht zu sagen."

UA München 1911

# DIE LUSTIGEN WEIBER VON WINDSOR

Der Mond geht auf über dem Park von Windsor und belächelt den nächtlichen Spuk, den die braven Bürger dort vorbereiten ... schon die fantasievolle Ouvertüre ist ein Brennspiegel europäischer Musikstile. Die deutschen Wurzeln sind: Mozart ("wenn ich seinen Geist hätte, könnte ich auch was Gutes machen"), Weber (romantisches Kolorit, Orchestration), dazu kommen: eine Prise Wiener Charme, italienische Melodik und französischer Esprit – dieses Gemisch entzündet sich an einem deftigen englischen Shakespeare-Stoff: *Falstaff.*

Dieser heruntergekommene Ritter hat zwei verheirateten Frauen, die auch noch Nachbarinnen sind, gleichlautende Liebesbriefe geschrieben, um über einen Flirt an das Geld ihrer Ehemänner zu kommen. Frau Fluth und Frau Reich schmieden einen Komplott, und Sir John Falstaff landet in der Themse ... zu den beiden lustigen Frauen gesellt sich eine dritte, die nicht von schlechten Eltern ist: Anna Reich; sie benutzt den Spuk im Park dazu, sich mit dem von ihren Eltern unerwünschten Fenton trauen zu lassen ... das Ganze geht gut aus, und auch der Ritter wird zur Hochzeit geladen.

Höhepunkte der farbigen Partitur sind die vitale Arie der Frau Fluth, das hingebungsvolle Duett Anna/Fenton (mit großem Violinsolo) und die burleske Chor- und Ballettszene im Park.

Otto Nicolai, geb. 1810 in Königsberg, floh sechzehnjährig vor seinem Vater, der ihn zum Wunderkind trimmen wollte. In Berlin studierte er Klavier, Komposition und Gesang – in der denkwürdigen Aufführung der Matthäuspassion unter Mendelssohn sang er die Christus-Worte. Sein kurzes Leben pendelte zwischen Italien, wo er geistliche Musik und Opern schrieb, und Wien, wo er die Philharmonischen Konzerte begründete (noch heute gibt es jedes Jahr ein *Nicolai-Konzert*). Unfreiwillig begründete er den Ruhm des jungen Verdi, als er die Vertonung des *Nabucco*-Librettos ablehnte. Die Wiener Hofoper ihrerseits lehnte seine Oper *Die lustigen Weiber von Windsor* ab, und so kam Berlin in den Genuss der Uraufführung. Kurz darauf erlag Nicolai neununddreißigjährig einem Schlaganfall.

Komische Opern gelingen seltener als tragische. *Die Lustigen Weiber* sind ein Glücksfall: Der guten Laune dieses Stückes kann sich niemand auf der Bühne und im Saal entziehen.

UA Berlin 1849

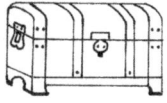

# DER BARBIER VON SEVILLA

Die Ouvertüre klatscht in die Hände, und alle dienstbaren Geister trippeln herbei und verneigen sich: Worum geht es bitte?

Graf Almaviva will die junge, begüterte Rosina aus den Fängen ihres gierigen Vormunds Don Bartolo befreien und zu seiner Gräfin machen. Figaro, der gewitzte Barbier, und Basilio, der schmierige Gesangslehrer, sollen dabei helfen. Mit Marzelline, Haushälterin und Gouvernante, wird man schon fertigwerden – geht in Ordnung! Wie fangen wir an? Mit einer Morgenmusik für Rosina – Musikanten her! Almaviva muss zahlen.

Rossini war als Komponist so einfallsreich wie als Koch – man nehme: Eine saftige, leicht fassliche Melodie, eine würzige, muntere Begleitung, schüttele beides zwischen Tonika und Dominante hin und her, dann koche man es unter ständigem Umrühren des Dirigenten auf, bis es schaumig wird. Jede Nummer ist ein musikalischer Leckerbissen!

In der Zeit des Belcanto gehörte es zum guten Ton, Arien auszuzieren. Dabei beriefen sich die Sänger/innen auf barocke Praktiken. Rossini soll gelegentlich seinen Hut gelüftet haben, wenn er eine seiner Arien noch wiedererkannte. Aber er war eine zufriedene Natur: Er duldete, dass von Anfang an die Koloratursopranistinnen seine für einen Koloraturmezzo geschriebene Rosina adaptierten. Dafür müssen Passagen punktiert (höhergelegt) oder ganze Nummern transponiert werden. Als Mezzo ist Rosina natürlich und sinnlich, als Sopran ist sie brillant und frech – wer die Wahl hat ...

Das Personal kennen wir! Beaumarchais, der „Sturmvogel der französischen Revolution", hatte zwei Komödien vorgelegt: *Der Barbier von Sevillia* (1775) und *Die Hochzeit des Figaro* (1784). Mozart vertonte letztere 1784, Rossini erstere 1816 – die Handlung bei Rossini geht der Handlung bei Mozart voraus – verwirrend!

Almaviva ist bei Rossini Tenor, „wird" bei Mozart Bariton, Rosina ist bei Rossini Mezzo, „wird" bei Mozart Sopran, Bartolo bleibt Bass, wechselt aber beruflich vom Apotheker zum Advokaten, Basilio bleibt Gesangslehrer, wechselt aber vom Bass zum Tenor, Marzellina wechselt vom Sopran zum Alt, Figaro schließlich ist bei Rossini Bariton, „wird" bei Mozart Bassbariton und macht – aufgrund seiner Verdienste um Graf Almavivas Vermählung – Karriere vom Barbier zum Kammerdiener. Noch Fragen? Ja, diese: Haben (bei Rossini) Bartolo und Marzelline ein Verhältnis gehabt? Denn „später" (beim „früheren" Mozart) stellt sich heraus, dass Figaro beider Sohn ist.

Die modernste Erfindung Rossinis ist die „musikalische Dampfmaschine": Lagen im zweiten Finale des *Figaro* aller Nerven blank, so wird im ersten Finale des *Barbier* daraus eine Maschine, die in rasendem Tempo und idiotischem Leerlauf Silben und Töne produziert. Die Maschinenassoziation wird vom Sistrum ausgelöst, einem schellenähnlichen Schlaginstrument, das auf jeder letzten Zählzeit dieses „Viertakters" zischt, als wäre ein Ventil undicht – und in der Tat scheinen alle Personen dieser akrobatisch virtuosen Buffa nicht ganz dicht zu sein.

UA Rom 1816

FRANZ SCHUBERT

# SINFONIE C-DUR
## Die Große

1839 besucht Robert Schumann Wien. Bei einem Besuch an Franz Schuberts Grab fällt ihm ein, dass dessen Bruder Ferdinand in Wien lebt. Dieser zeigt ihm Partituren aus Schuberts Nachlass. „Freudeschauernd" hält Schumann eine große C-Dur-Sinfonie (entstanden vermutlich 1827) in den Händen. Er informiert sofort Felix Mendelssohn Bartholdy, und dieser hebt noch im gleichen Jahr mit dem Gewandhausorchester Leipzig die „Große" aus der Taufe.

Schumanns Aufsatz in seiner *Neuen Zeitschrift für Musik* zeigt, was ihm dieses Werk bedeutete, und zeigt, wie gut stilistisch getroffen die Uraufführung gewesen sein muss.

Es galt damals für die Komponisten, „nach Beethoven abzustehen von symphonischen Plänen". Doch Schubert, dessen symphonisches Werk unbekannt war, zeigte hier – nach den symphonisch-dramatischen Gipfelleistungen des Klassikers – einen neuen Weg für die Romantiker: Die epische oder „novellistische" (Schumann) Sinfonie. Deren Formteile sind nicht mehr Stadien eines Kampfes, sondern Episoden, Landschaften, die durchwandert und erlebt werden.

„Es ist wahr, dies Wien mit seinem Stephansdom ...von der Donau mit unzähligen Bändern umgürtet ... alles mit einem leisen katholischen Weihrauchduft überzogen ... über das Ganze endlich eine Romantik ausgegossen ... und diese himmlische Länge(!) ... die völlige Unabhängigkeit, in der die Sinfonie zu denen Beethovens steht ... das Glänzende, Neue der Instrumentation, der reizende Wechsel des Gefühlslebens ... in der Einleitung erscheint noch alles geheimnisvoll verhüllt ... gänzlich neu ist der Übergang in das Allegro: Das Tempo scheint sich gar nicht zu ändern, wir sind schon angelandet, wissen nicht, wie."

- „Wienerisch": das offene, wanderbereite Hornthema der Andante-Einleitung, das selbstbewusste Hauptthema des Allegro-Hauptteils, das grantige Seitenthema,

- „katholisch": der orgelartige Bläserklang der Einleitung, das chorische Wechselspiel zwischen den Orchestergruppen, die geheimnisvolle innere Stimme (Posaunen) im Allegro,

- „schubertsch": die Rückung um einen halben Ton nach oben zu Beginn der Durchführung – alles ist wie vorher, nur das Licht ist anders,

- das lange Diminuendo zur Pianissimo-Reprise,

- im zweiten Satz Andante das einsam wandernde Thema (Oboe) – später gesellt sich ein Fremder dazu, bläst ihm den Marsch (Trompete), spielt ihm auf (Violinen), die Stimmung wird gereizt, der Schritt stockt, am Schluss herrscht Betroffenheit – was ist mit Franzl?

- „Wienerisch": das robuste Scherzo – ausgelassene Praterlaune,

- „katholisch": das fromm-schwelgerische Trio,

- „schubertsch": das himmlisch lange Seitenthema im Finale – eine zum Weinen schöne Cafémusik (Man achte nicht auf die etwas angestrengten Mienen der Violinisten bei den endlosen Triolen, sondern auf die behaglichen Mienen der zupfenden Bassisten).

Die *himmlische Länge* der letzten großen Sinfonie Schuberts ist sprichwörtlich geworden; man hört, dass er beim Schreiben dieser meisterlichen Partitur glücklich war.

In der harmonisch entrückten Mitte des Finales klingt plötzlich die *Neunte* an, dann macht ein befremdliches Tremolo schaudern – Schubert war unter den Fackelträgern bei Beethovens Beerdigung 1827; beim anschließenden Umtrunk stieß er mit allen an – *auf den nächsten ...*

UA Leipzig 1839

# SINFONIE H-MOLL

## *Die Unvollendete*

Schubert – das war ein frühvollendeter Komponist unzähliger Lieder, von Kammermusik und Tänzen. Seine sechs kleinformatigen Sinfonien galten als unbedeutend – bis Robert Schumann 1839 eine große *Sinfonie in C-Dur*, geschrieben 1827, entdeckte. Dann tauchte 1860 ein *Sinfoniefragment in h-Moll* auf: zwei vollendete Sätze und der Anfang eines Scherzos. In der Annahme, dass wohl der Tod dabei Schubert die Feder aus der Hand genommen hätte, zählte man *Die Große* als Nr.7 und *Die Unvollendete* als Nr. 8.

Die *h-Moll-Sinfonie* ist aber schon 1822/23 geschrieben – und abgebrochen worden. Vielleicht genügte Schubert der Einfall zum Scherzo nicht, sodass er die Arbeit liegen ließ und aus den Augen verlor. In der Tat sind die beiden fertigen Sätze vollendet – *so* vollendet, dass nichts fehlt, und sie sind aufeinander bezogen wie Bild und Gegenbild. Beide bewegen sich im Dreiviertel- bzw. Dreiachteltakt bei fast gleichem Tempo: Allegro moderato = Andante con moto. Darf man den ersten Satz als „irdisch" ansehen, so versteht sich der zweite Satz als „himmlisch".

Erster Satz – Allegro moderato h-Moll („irdisches Bild"):

· das leise Bassthema winkt dir, zu folgen – du steigst hinab,
· eine klagende Gestalt erscheint: Oboe und Klarinette über bewegten Streichern,
· eine Tür öffnet sich: modulierende Hörner und Fagotte,
· eine lächelnde Gestalt erscheint: Violoncelli über tänzerischen Bläsersynkopen,

- du näherst dich – die Gestalt weist dich ab – tiefer Schmerz-
  moment: Generalpause, Tuttiausbruch,
- die Tür schließt sich: Rückmodulation mit Pizzicatoschritten,
- nun führt das Bassthema dich in den Abgrund deines Selbst –
  schwärzer kann eine Durchführung nicht anheben ...

Zweiter Satz – Andante con moto E-Dur („himmlisches Gegenbild"):

- die leise, angedeutete Hörnerkadenz winkt dir, zu folgen – du
  steigst hinauf,
- Heiterkeit umfängt dich: Streicherlegato, Choral,
- der Raum wandelt sich: modulierende Violinen,
- Traurigkeit umfängt dich: Klarinettensolo über schluchzen-
  den Streichersynkopen,
- du näherst dich – die Traurigkeit nimmt dich an – tiefer
  Glücksmoment: Engführung Bass/Violine,
- der Raum wandelt sich: Rückmodulation mit Bläsersignalen,
- in der Coda führt die nun vollendete Hörnerkadenz dich in
  den Himmel deines Selbst – der Raum scheint sich wieder
  zu wandeln, aber auch die Klarinetten – bisher Künder der
  Traurigkeit – stimmen den Ton der Heiterkeit an: Freude und
  Schmerz sind eins – lichter kann eine Sinfonie sich nicht vollenden ...

Der erste Satz schloss abgrundtief und hoffnungslos. Und doch
gibt es einen zweiten Satz. Dieser verklingt lächelnd und leicht,
voller Hoffnung auf das, was es nicht geben wird – so ist Schubert.

UA 1865 Wien

ROBERT SCHUMANN

# KONZERTSTÜCK FÜR VIER HÖRNER
# UND GROSSES ORCHESTER

„Etwas ganz curioses", schreibt Schumann an den Verleger Sim-
rock, „was bis jetzt, glaub' ich, nicht existiert." Dieses Kuriosum
ist das avantgardehafteste Konzert des 19. Jahrhunderts.

Das Ventilhorn, erfunden um 1814 (von Stölzel und Blühmel), er-
möglichte dem Waldhorn den vollen Tonumfang mit allen chromatischen Zwischenstufen, war aber 1849 noch keineswegs in
allen Orchestern durchgesetzt und anzutreffen. Wegen einer gewissen Verflachung des Tones gegenüber dem Naturhorn war es
unter Hornisten, Dirigenten und Komponisten umstritten. Und
nun schrieb ausgerechnet Robert Schumann, anerkannter Komponist von Klavierwerken und Liedern, dessen Werke für oder
mit Orchester aber eher Randerscheinungen des Repertoires waren, ein Konzertstück für vier Ventilhörner – und stellte damit
ein neues Soloinstrument und eine neue Gattung vor: das Quar-
tettkonzert gleicher Instrumente.

Da Hörner zu „schmettern" verstehen, gab er ihnen ein großes
Orchester zur Seite: Zur Standardbesetzung zog er Piccolo und
drei Posaunen hinzu. Auf Hörner im Orchester verzichtete er –
sie sind „ad libitum" (nach Belieben) geschrieben. Einerseits, um
das Klangbild nicht zu ermüden, andererseits, um den „amtie-
renden" Hornisten der Orchester den Auftritt als Solisten zu er-
möglichen.

Die Musik ist feurig und schwungvoll. In den kurzen Tutti
herrscht Hochstimmung – nur in der Mitte des dritten Satzes
runzeln die Violinisten kurz die Stirn. Die Hörner werden kom-

pakt und aufgefächert eingesetzt. Die Solopartien sind sehr anspruchsvoll: In allen Registern – von der geheimnisvollen Tiefe über die warme, „romantische" Mittellage bis zur blendenden Höhe – werden Beweglichkeit, Sensibilität und Kraft verlangt.

Die Hornisten des Gewandhausorchesters zu Leipzig waren die ersten, die sich 1850 an dem Konzertstück messen ließen.

UA Leipzig 1850

ROBERT SCHUMANN

# KLAVIERKONZERT

Zu diesem Konzert darf der Dirigent erst dann den Einsatz geben, wenn der Pianist bereit ist, denn gleich nach dem ersten, kurzen Forteschlag des Orchesters setzt das Klavier ein – nicht mit einer freien Kadenz („ich kann kein Konzert für Virtuosen schreiben"), sondern mit einem rhythmisch betonten Eingang („affettuoso"), in dem der Ernst und die Kraft des eigenen Stils („ich muß auf etwas anderes sinnen") zum Ausdruck kommen. Dann kadenzieren Klavier und Orchester energisch nach a-Moll als sollte das Stück schon enden, wäre da nicht – wie ein Nachhall – das lyrische, von der Oboe angeführte Thema: Wie schön klingt doch Orchester! Das Klavier träumt das Thema in Diskantlage nach: Wie schön klingt doch Klavier!

Dabei macht eine kleine harmonische Variante uns lächeln. Und nun beginnt ein wunderbares Miteinander-Konzertieren: Das Orchester immer ausdrucksvoll, das Klavier immer in Bewegung. „Wie reich an Erfindung, wie interessant vom Anfang bis zum Ende, wie frisch, und welch ein schönes und zusammenhängendes Ganzes!", jubelte Clara Schumann. Sie durfte glücklich sein über dieses Konzert, in dem immerfort ihr Name anklingt, und sie war es auch, als sie es in Leipzig unter Mendelssohns Leitung spielte, der im dritten Satz die vertrackten Hemiolen des schelmischen Seitenthemas zu dirigieren verstand.

Die expressiven Klarinettenphrasen, die kraftvolle und poetische Klavierkadenz, die rasante, spukhafte Stretta gemeinsam mit dem Orchester als Schluss des ersten Satzes, das sehnsuchtsvolle Cellothema im zart instrumentierten zweiten Satz, die geheimnisvolle Überleitung zum schwungvollen Finale, der perlende Klaviersatz, die herrliche Schlusssteigerung – das Schwärmen findet kein Ende: Dies ist reinste Romantik in klassischer Vollendung!

UA Leipzig (1841 erster Satz als Phantasie, 1845 als dreisätziges Konzert)

ROBERT SCHUMANN

# ERSTE SINFONIE

## *Frühlingssinfonie*

„Könnten Sie Ihrem Orchester beim Spiel etwas Frühlingssehnsucht einwehen", schrieb Schumann später an einen Dirigenten. Bei Felix Mendelssohn Bartholdy, der die Uraufführung „mit großer Liebe und Sorgfalt" im Gewandhaus zu Leipzig dirigiert hatte, war dieser Wunsch in Erfüllung gegangen.

Wie ein Ruf aus der Höhe schallt es in den Trompeten: „Im Tale blüht der Frühling auf", und das ganze Orchester stimmt begeistert ein. Dann erwacht die Natur aus winterlicher Starre. Aber die Sinfonie ist keine Naturschilderung, sie ist „in feuriger Stunde geboren": Robert und Clara Schumann waren frisch verheiratet, und so ist die *Frühlingssinfonie* ein jauchzendes Ja zum Leben. Aus dem Trompetenruf geht ein tanzender erster Satz hervor, der mit einem Frühlingshymnus endet.

Der zweite Satz ist ein inniges Liebeslied. In seiner leichten und luftigen Instrumentation scheint er zu schweben. Ein geheimnisvoller Posaunenchoral leitet zum dritten Satz, dem Scherzo, über. Dieses ist ein Charakterstück mit vielen Gestalten: ernst und lustig, derb und zärtlich – am Schluss huscht alles davon.

Das Finale – ausgelassen und virtuos – will geübt und geprobt werden! Unvergesslich bleibt die mit einem leuchtenden Posaunenstoß eröffnete Durchführung: Überwältigt, gebannt steht das Paar dem Geheimnis der Natur gegenüber und erlebt das Crescendo des Wachstums, das Entstehen des Lebens und erfährt, was wir Glück nennen.

UA Leipzig 1841

# ZWEITE SINFONIE

„Die Sinfonie schrieb ich im Dezember 1845 noch halb krank; mir ist's, als müßte man ihr dies anhören." Der innere Weg des Werkes ist ein langwieriger Genesungsprozess. Der erste Satz beginnt verhangen, mit langsamen Streicherbewegungen in der Tiefe – wie ein umherschleichender Kranker. In der Höhe künden ferne Trompetensignale von vergangenen oder kommenden besseren Tagen. Die Einleitung braucht ziemlich lange, um sich zum rhythmisch geprägten, lebhaften Hauptteil aufzuraffen. Durchhalten und kämpfen – das ist hier die Losung.

Der zweite Satz heißt Scherzo, steht aber in gerader Taktart – zum Tanzen fehlt die Laune; er ist eher eine trotzige Toccata (gefürchtet von den Violinisten!) mit zwei Trios: einem übermütigen und einem demütigen. In der Coda dreht das Temperament auf, und auch das Trompetensignal der besseren Tage meldet sich.

„Sonst aber, wie gesagt, erinnert sie mich an eine dunkle Zeit." Der dritte Satz ist sehr langsam – und sehr ergreifend in der Schönheit seines leidenden Ausdrucks.

„Erst im letzten Satz begann ich mich wieder zu fühlen." Das Finale stürmt los, aber die ziellos wilde Bewegung dreht sich bald im Kreis, gerät ins Stocken und sinkt in sich zusammen. Nach einer großen Generalpause wandelt sich der Ton: Die Genesung beginnt, aus dem leidenden Ausdruck wird ein dankbarer Hymnus. Die Einleitung bringt sich aufleuchtend in Erinnerung – als finge die Sinfonie nun erst richtig an. Das Trompetensignal verkündet: Die besseren Tage sind da.

UA Leipzig 1846

# DRITTE SINFONIE

## *Rheinische*

Seit seinem Umzug von Leipzig nach Dresden empfand der kränkelnde Schumann zunehmende Lethargie. Deshalb bewarb sich der introvertierte, in der Leitung eines Orchesters völlig unerfahrene Komponist 1850 um die Stelle als Städtischer Kapellmeister in Düsseldorf. Konnte das gut gehen? Zunächst inspirierten ihn der Ortswechsel – von der Elbe an den Rhein – und die aufgeschlossene Mentalität der Rheinländer.

So entstand die *Rheinische Sinfonie*. Sie hat fünf Sätze: Der erste ist lang, die vier weiteren sind kürzere Charakterstücke. Die Form gleicht somit einer Suite.

Der erste Satz – die Ouvertüre – wogt zwischen einem breiten und einem lebhaften Dreiertakt – wie ein langsamer Festzug, der aus lauter aufgeregten Mitwirkenden gebildet wird.

Der zweite Satz ist ein schunkelnder Ländler: Takt- und Melodiebetonung sind verschoben.

Der dritte Satz ist eine weinselige Romanze: Die Augen, die sich hier begegnen, haben zuvor tief ins Glas geschaut.

Der vierte, langsame Satz hieß ursprünglich „im Charakter der Begleitung einer feierlichen Zeremonie" – und ist vom Besuch des Kölner Doms inspiriert: Hier treten die Posaunen mit einem Choral hinzu.

Der fünfte Satz ist ein Karnevalsumzug: ein organisiertes Durcheinander, das sich in Abständen zu kollektiven Begeisterungsrufen verdichtet.

„Es mussten volkstümliche Elemente vorwalten", schrieb Schumann nach der sehr erfolgreichen Uraufführung – aber täuschen wir uns nicht: Das Maskenhafte, Gespenstische, die Verlorenheit des Einzelnen im Getümmel des allgemeinen Frohsinns, Albtraum, Panik und Zusammenbruch sind nicht zu überhören. Den festlichen Tutti stehen Episoden des Grauens und Grausens gegenüber – so die Schlüsse der Mittelsätze, die uns den Atem stocken lassen, und vor allem der vierte Satz: ein strahlendes Dies Irae, bedrohlich hallende, schwindelerregende Klangmassen, aus denen das Ich auf die Straße flieht, um sich im Karnevalszug zu verbergen, aber die geisterhaften Klänge aus dem Dom verfolgen uns auch im Mummenschanz ...

Wahnsinn? Hellsichtigkeit? Das konnte nicht gut gehen.

UA Düsseldorf 1850

ROBERT SCHUMANN

# VIERTE SINFONIE

„Wahrhaftig, meine nächste Sinfonie soll *Clara* heißen, und ich will sie darin abmalen mit Flöten, Hoboen und Harfen" – und so ist sie auch, die d-Moll-Sinfonie: eine schwarzhaarige Schönheit mit hellen Augen, streng und leidenschaftlich. Dabei gelang das Bild nicht auf Anhieb: 1841 als *Symphonische Phantasie* geschrieben, wurde sie erst 1851 nach erheblicher Umarbeitung veröffentlicht.

Die Vierte Sinfonie ist Schumanns eigenständigster Beitrag zur Sinfonik. Seine sinfonische Fantasie überschlägt sich: Nichts entspricht traditioneller Form, alles ist offen, alles ist in ständiger Entwicklung, alle vier Sätze bilden einen einzigartigen Zusammenhang.

Die unruhig um einen Ton kreisende Einleitung wird in der Romanze zu einem träumerischen Nachtstück mit schwärmerischen Violinsolo; dieses kehrt im Scherzo als walzerartig schwingendes Trio wieder. Die Exposition des ersten Satzes hat nur ein vorläufiges, Toccata-artiges Hauptthema und kein Seitenthema; das eigentliche, Marsch-artige Hauptthema bildet sich erst in der Durchführung. Das liebliche Seitenthema in seinem Gefolge übernimmt die Führung über den weiteren Satz. Die Reprise des Hauptthemas erfolgt zunächst verschleiert zu Beginn des Scherzos (in Moll), dann offen (in Dur) zu Beginn des Finales. Das Marsch-Thema des ersten Satzes wird somit zum Hauptthema der ganzen Sinfonie.

Bezaubernd wirkt die Romanze in ihrem Mischklang von Oboe und Violoncello; unvergesslich aber bleibt die langsame Überleitung zum Finale: Das Scherzo ist eingeschlafen, nun geht die Sonne auf – man braucht nicht zu wissen, dass das erhabene Posaunenmotiv über dem Tremolo das riesig verbreitete Hauptthema ist, um von der Schönheit dieses Augenblicks ergriffen zu sein.

Schumann konnte musikalisch jubeln – am Ende seiner *Vierten* war ihm danach zumute!

UA Düsseldorf 1851

# CELLOKONZERT

Schon der Anfang ist ergreifend – fängt so ein Konzert an?

Drei leise, langsame, schwermütige Bläserharmonien, dazu drei harfenartige Streicherakkorde – die nachtblaue Blume der Romantik öffnet ihren Blütenkelch und verströmt betäubenden Duft: Eine kaum wahrnehmbare, unregelmäßige Wellenbewegung mit einzelnen, fragilen Basstönen entsteht – und aus diesem labilen Klanggrund erwächst das wundersame Cellothema. Zunächst träumt es die aufsteigende Linie der Einleitung nach, dann stürzt es zusammen – nach einem fragenden Blick rafft es sich auf und beginnt zu konzertieren.

Wer je von diesem Anfang getroffen wurde, kann ihn nicht mehr vergessen und wird von daher das Konzert begreifen: Diese Musik ist schutzlos ihren Gemütsschwankungen ausgeliefert: ekstatisch und depressiv (erster Satz), innig und wie abwesend (zweiter Satz), ausgelassen und abgründig (dritter Satz). Alle Sätze sind durch poetische oder dramatische Überleitungen verbunden; vor dem Schluss des Konzerts ergibt sich eine längere, vom Orchester begleitete Kadenz. Der Cellopart ist leidend und leidenschaftlich, in den konzertierenden Phasen gambenartig figuriert und phrasiert.

Vielleicht erkannte Schumann die Bedeutung des Cellokonzerts für ihn selbst nicht sogleich, als er es 1850 niederschrieb – der Ortswechsel von der Elbe an den Rhein hatte ihn erfrischt; als sich 1853 die mentalen Störungen zurückmeldeten, zog es ihn magisch an. Sicher hat er beim Überarbeiten den irrenden, stockenden Charakter der Musik noch betont. Zu Lebzeiten Schumanns fand sich kein Cellist, der es spielen mochte – heute ist es Traum aller Solisten.

# VIOLINKONZERT

„Möchte doch Beethovens Beispiel Sie anregen, aus Ihrem tiefen Schacht ein Werk ans Licht zu ziehen, wunderbarer Hüter reichster Schätze!", schrieb der junge Geiger Joseph Joachim an Schumann. Der so Angeregte notierte am 21. September: „Stück für Violine angefangen." Kaum zwei Wochen später war das Violinkonzert vollendet: „Ein Abbild von einem gewissen Ernst, hinter dem oft eine fröhliche Stimmung hervorsieht".

Zu einer Aufführung kam es nicht – Schumanns Erkrankung forderte ihren Tribut: Selbstmordversuch, Irrenanstalt, Tod.

Ein Jahr danach spielte Joachim das Konzert in einer Orchesterprobe für Clara Schumann. Sie schrieb ihm: „Ich empfand so bitter, wie es thut, findet man einen Makel da, wo man über alles liebt. Das erklärt Ihnen wohl auch meine Thränen neulich bei Roberts Concert."

Clara entschied, das Konzert nicht zu veröffentlichen, und übergab es Joachim zu treuen Händen. Dessen Sohn verkaufte das Manuskript 1907 an die Preußische Staatsbibliothek zu Berlin.

1937 ließ Joseph Goebbels das Konzert mit großem Propagandagetöse uraufführen. Es sollte das beliebte Konzert von Mendelssohn ersetzen. Solist war Georg Kulenkampff; er spielte den Solopart, der als unspielbar galt, bearbeitet.

Nur wenig später spielte der junge Yehudi Menuhin das Konzert in London – original. Er schrieb: „Dieses Konzert ist die Brücke zwischen Beethoven und Brahms. Man findet hier dieselbe menschliche Wärme, zärtliche Sanftheit, männlich kühne Rhythmik und dieselbe liebevoll spielerische Behandlung der Geige, dieselben reichen und edlen Themen und Harmonien."

Der erste Satz ist eine breit angelegte Fantasie. Im zweiten Satz klingt schon das Thema der Variationen an, die Schumann kurz darauf am Morgen seines Selbstmordversuchs unvollendet ließ. Der dritte Satz ist eine feierliche Polonaise.

Ist das Violinkonzert vollendet oder ist es wahnsinnig? Wenn Dirigent und Orchester vollendet begleiten (sensibel und flexibel), wenn der Solist der Musik Zeit lässt (vor allem in der Polonaise), sodass sie sich in ihrer Zeit vollenden kann, dann ist das Konzert wahnsinnig ergreifend.

Entstehungszeit 1853

JEAN SIBELIUS

# ERSTE SINFONIE

Auf der Europatournee eines unbekannten finnischen Orchesters erregte die erste Sinfonie eines bis dahin unbekannten finnischen Komponisten Aufsehen. Wer war dieser 34-Jährige mit
dem französisch klingenden Vornamen? Er schien – nicht mit
Tradition belastet (wie Brahms), nicht von Wagner beeinflusst
(wie Bruckner), nicht an sich selbst, der Gesellschaft oder der
Welt leidend (wie Tschaikowsky und Mahler), nicht naiv (wie
Dvorak), und nicht raffiniert (wie Strauss).

Sibelius' Sinfonik ist frei, frisch, gesund und kräftig, aber sie entstammt einer Landschaft, die einsam, karg und kühl ist – „in welcher Trauben nicht süß werden" (Martti Talvela), in welcher es
sommers nicht dunkel und winters nicht hell wird. Finnland war
eine Gesellschaft ohne Hierarchie und hatte noch keine Staatsform. Eine schriftliche Sprache und ein eigenes Traditionsbewusstsein (Kalevala) gab es erst seit kurzem. 1899 begann der
Widerstand gegen die russische Administration.

Ein ausdrucksvolles, langes, sich allmählich in der Tiefe verlierendes Klarinettensolo bildet die Einleitung zum ersten Satz.
Dessen Hauptthema (Violinen) besteht aus einem sich aufladenden langen Ton, der sich in einem heftigen kurzen Motiv
entlädt. Das Seitenthema entsteht aus einem gedehnten Moment (Oboesolo), der in ekstatisch rauschhafte Bewegung gerät.

Die Durchführung führt vorbei an Granitfelsen (Posaunen) und
Seen (Violinsolo), über Heide (pizzicato) bis in dichten Wald.
Hier ereignet sich die „unheimliche" Reprise: An jedem „Baum"
wächst das Hauptthema (Bläser), es liegt „in der Luft" (Streicher),

aber erst, wenn wir „ins Freie" treten – ein unvergesslich herrlicher Augenblick! – merken wir, wo wir sind: Bei uns selbst ...

Das Andante klingt wie im Traum (gedämpfte Streicher), dann scheinen sich Raum und Zeit dramatisch zu dehnen – nach einer Pause merken wir, dass erst zwei Takte vergangen sind ...

Das Scherzo hat Sonatenform mit zwei Themen (die hämmernde Pauke und die tanzende Viola) und Durchführung (Fugato), hat aber auch ein ausdrucksvolles Trio (die romantischen Hörner).

Das Finale beginnt mit der Reprise des einleitenden Klarinettensolos, jetzt vom ganzen Orchester vorgetragen – ein großer architektonischer Bogen spannt sich. Dann werden rezitativartig kämpferische, ja kriegerische Töne angeschlagen. Das knappe Hauptthema wirkt wie eine Parole, das Schlagzeug steht Gewehr bei Fuß ... da erscheint das Seitenthema, Sehnsucht erwacht ...

Das Schönste an diesem schwelgerischen Seitenthema (Violinen, Harfe) ist, dass man bei seinem dunkel glosenden Erscheinen sofort vorausahnt, dass es am Schluss hell glühend wiedererscheinen wird – und so kommt es auch! Dennoch ist der Schluss der Sinfonie anders als erwartet, er ist auf ergreifende Weise dunkel, ernst – und vorläufig: Finnland hat sich noch nicht gefunden, und auch Sibelius ist noch auf dem Weg zu sich selbst ...

UA Helsinki 1899

JEAN SIBELIUS

# ZWEITE SINFONIE

Im Jahr 1901 wurde Sibelius eingeladen, den Frühling zusammen mit seiner Frau Aino und den beiden Töchtern Eva (8) und Ruth (7) an der italienischen Riviera zu verbringen.

Wellen rollen auf den Strand, Steine knirschen in der Brandung (Streicher). Sind es Kinder oder Vögel, die vom Frühling zwitschern (Holzbläser)? Unwillkürlich legt man die Hand aufs Herz (Hörner). Eine lange, warme Melodie des Glücks erfüllt die Seele (Violinen) und weckt die Sehnsucht, dieses Thema zu gestalten. In der Durchführung geht es ans Werk. Künstlerische Arbeit bedeutet Einsamkeit (Oboesolo). Es wird skizziert, geändert, gekämpft, geschmiedet – und plötzlich – wie im finnischen Mythos von Ilmarinen und dem Sampo – entsteht die *Gestalt des Glückes* (Blechbläser) und leuchtet wie die Sonne Italiens.

Der zweite Satz ist wie ein Bergwerk in der Seele: Viel Schwermut ist abzutragen, aber auch große Kraft wird freigelegt. Als nicht mehr danach gegraben wird, findet es sich: drei piano-pianissimo Fis-Dur-Takte – ein kostbarer Glücksmoment.

Der dritte Satz fegt heran wie ein Orkan (Vivacissimo), doch der Stern des Glücks leuchtet fern und beständig in der Nacht (Lento e suave). Dann nähert sich der Stern, die Erde drängt ihm entgegen, alle Türen öffnen sich, alle Widerstände weichen – acht grandiose Takte leiten über zum ...

Finale. Tanz des Glücks – eine sarabandenartige Bewegung erfasst magisch alle auf dem Podium und im Saal, man sitzt aufrecht und fühlt sich wachsen. Das Seitenthema (Oboe) ruft das

Gegenbild des Glücks auf: das Leid – erlittenes und zugefügtes. Und wieder fängt es in der Durchführung ganz klein an: Der Künstler zermahlt das Material und baut geduldig Stein auf Stein, bis in der Reprise die Fahnen auf dem Dach wehen. Unten setzt sich der Zug der Leidtragenden – Täter und Opfer – in Bewegung, wird immer länger und drängt ins Licht. Die letzten, hymnisch strahlenden Takte sind kaum auszuhalten. Nach dem Schlussakkord dieser traumartigen *Sinfonie des Glücks* muss man erst erwachen.

UA Helsinki 1902

# DRITTE SINFONIE

Im September 1904 zog Silbelius mit seiner Familie in „Ainola"
ein. Er nannte seine umwaldete Jugendstilvilla nach seiner Frau
Aino, die ihm sechs Töchter gebar und die ganze Last des gemeinsamen Lebens trug.

Sibelius konnte *nur* komponieren, und auch das musste er neu
lernen, denn „in Helsinki starb jede Melodie in mir". Nach dem
überwältigenden Schluss – und Erfolg der Zweiten – war ein
Neubeginn fällig, aber wie? Nicht städtisch, sondern ländlich –
wie sein Umzug ins 30 Kilometer entfernte Järvenpää, und ein-
fach, naturbelassen und still – wie Ainola.

Allegro moderato – ein einfaches, einstimmiges, mehr wiegendes als tanzendes Motiv, von den tiefen Streichern in mäßigem
Tempo „mit liegendem Bogen" (sozusagen in naturbelassener
Strichart) gespielt, in sieben Takten siebenmal wiederholt und
doch nie gleich, ersetzt das symphonische Hauptthema. Die beiden (plagalen) Kadenzakkorde, mit denen Hörner und Fagotte
im achten Takt einsteigen, sind die gleichen, mit denen der länd-
liche Satz ausklingen wird. Auch das Seitenthema in den Violoncelli – nach einer einfachen (einstimmigen) und archaisch
naturbelassenen Modulation der Blechbläser – ist ein Schulbei-
spiel für kompositorische Ökonomie: Es besteht nur aus vier Tönen. Als ein fünfter dazukommt, schnurrt es zusammen zu einer Folge von murmelnden Sechzehnteln. Diese entfalten keine
Dramatik, sondern bilden den Hintergrund der stillen, leisesten
Durchführung, die je komponiert wurde – wie Farbtupfer im Hei-
dekraut oder die gezackten Linien der Tannenspitzen dieses Spa-
ziergangs rund um Ainola ...

Andantino con moto, quasi allegretto – ein mehr wiegendes als tanzendes, im Takt schwankendes Nachtstück in der mondsilbernen Tonart gis-Moll. Seine letzten Takte aber stürzen in das ...

Moderato – nach drei Takten schon: allegro – etwas später: piu allegro. Die Stille Ainolas ist nicht mehr zu ertragen. Unruhe, Nervosität, Gereiztheit breiten sich aus. Sibelius möchte etwas Neues schaffen, hantiert aber mit altem Material. Verzweifelt wirft er es durcheinander – Chaos entsteht. Er baut eine unfertige Kantatenhymne ein (nach Markku Hartikainen), aber seine wütenden Hände zerreiben sie: Ihm ist nicht hymnisch zumute. Die Krise der Sinfonik im 20. Jahrhundert bricht herein – die *Dritte* wird sie nicht lösen. Sie hat nicht mehr das Charisma der Jugend und noch nicht die Spiritualität der Reife – ihr schließliches C-Dur ist ein Gedankenstrich –

UA Helsinki 1907

# VIERTE SINFONIE

Im November 1907 dirigierte Gustav Mahler in Helsinki. Auf Spaziergängen mit Sibelius stritten beide über das Wesen der Sinfonie. Mahler forderte, eine Sinfonie müsse „wie die Welt sein und alles umfassen", Sibelius forderte, eine Sinfonie müsse „strenge innere Logik zeigen". Vielleicht entschloss sich Sibelius schon damals, ein Werk zu schaffen, um das „nichts, absolut nichts von einem Circus" sein sollte. Nach einer Halsoperation, für die er mit seiner Frau nach Berlin reiste (es bestand Krebsverdacht) musste er eine schwere Krise überwinden. Im Frühjahr 1910 war er bereit: „Ich erlebte so erhabene Augenblicke der Schaffensqual wie nie zuvor." Die *Vierte* trägt die Widmungsadresse *An Eero Järnefeldt*. Sibelius' Schwager war ein bedeutender expressionistischer Maler. Vielleicht ist die Sinfonie eine kompositorische Antwort auf Fragen, die Eero gestellt hatte.

Tempo molto moderato, quasi Adagio – ein dunkel glühender Klangklumpen (Fagotte und Bässe in Fortissimo, mit Dämpfer), wie zufällig aus dem All gefallen – *fing so die Welt an, Eero?* Der Klang erkaltet, eine gleichförmige Pendelbewegung entsteht. Ein tiefes Cellosolo kriecht über den Grund – *sind wir nicht immer noch Nomaden, Eero?* Gewaltige Blechbläsersequenzen wie sich auffaltende Gebirge, darüber eine strahlende Streicherpassage wie der erste Frühling – *was ist Schönheit, Eero?*

Man kann die *Vierte* auch mit Fachbegriffen beschreiben (Fagotte, Bässe = Hauptmotiv, Cellosolo = erstes Thema, Posaunen = zweites Thema), aber das erklärt nichts. Die hochinspirierte Fantasie des Komponisten, der soeben „seine Moderne" erfindet, geht in strenger innerer Logik unerklärliche Wege. Die Durchführung führt nichts durch, sie führt durch geheimnisvolle Wildnis. Der lange, melancholisch verklingende Schlusston wird im ...

Allegro molto vivace von der Oboe aufgegriffen und verspricht ein spielerisches Scherzo, aber das Trio ist nur skizziert – so, wie auf Bildern der Expressionisten (Järnefeldt, Munch, Nolde) manche Zonen unausgeführt bleiben, um das Zentrum zu betonen. Die Coda erregt sich an einem Tritonus (dem Zentralintervall der *Vierten*) und endet mit drei leisen Paukenpunkten ...

Il tempo largo im Nichts. Ohne Thema, ohne Tonart beginnt eine fragende Geste zu improvisieren. Zwischen dem einsamen Vogelflug der Flöte und den raunenden Bässen ist Leere. Allmählich entstehen kleine Tonart-Inseln. Irgendwann steigt aus der Tiefe eine Melodie auf, erst in den Celli, dann in allen Streichern. Beim dritten Anstieg entwickeln sich Harmonien – ein erhabener Augenblick der Schaffensqual. Der lange, melancholisch verklingende Schlusston wird im ...

Allegro zum ersten Ton des beschwingten Hauptthemas. Helle Glockenklänge verbreiten Festtagslaune. Es gibt ein furioses Seitenthema (anfangs Cellosolo) und virtuose, lachende Klarinettenpassagen, aber auch bitonal irritierende und schauerliche Momente – als wenn der Gedankenfaden reißt. Eine dissonant verbissene Steigerung führt zu einem heftigen Ausbruch, der keinen Widerspruch duldet: Nichts, absolut nichts von Circus um sie! Bitterkeit, Ernüchterung und Ratlosigkeit bleiben übrig. *Ja, ich lebe noch. Aber ich weiß keine Antwort auf deine Fragen, Eero!* Zum Schluss acht a-Moll-Akkorde: nur Streicher, dunkel, dolce, nicht laut, nicht leise, ernst, ohne Tränen, endgültig.

UA Helsinki 1911

JEAN SIBELIUS

# FÜNFTE SINFONIE

Auf dem Einband der Partitur steht: *in einem Satz*. Die einschnittartigen Doppelstriche in den Noten zeigen aber drei Sätze. Eine Analyse des ersten Satzes erweist zudem, dass sich hier eine dynamische Sonatenform in zwei Teilsätzen austobt: eine ruhig beginnende Fantasie verwandelt sich in ein immer wilderes Scherzo; der Übergang – ein hochdramatischer, kreißender Akt – vollzieht sich in der Durchführung. Also eigentlich vier Sätze? Die *Fünfte* ist vor allem eine endlose Baustelle: 1915 erste Fassung, 1916 zweite Fassung, 1919 endgültige Fassung.

Am Anfang steht ein wunderbarer Einfall: Das Hörnerthema über dem Paukenwirbel. Dann eine lange Fermate – was soll daraus werden? Sibelius hat keine Ahnung, keinen Plan, er folgt seiner Fantasie als *Sklave seiner Themen* in einen *Kampf mit ungewissem Ausgang*. In diesem Mut (bei starker psychischer Verunsicherung, ob „Sinfonie" als Typ noch zeitgemäß wäre) liegt seine künstlerische Integrität, Modernität und Qualität. Der Inhalt der *Fünften* ist der Kampf um die *Fünfte* (heute spricht man von „work in progress").

In ihrer Bildhaftigkeit wirkt die Musik wie ein expressionistisches Drehbuch:

- Zu Anfang ein Traumbild – unverlierbar, unwiederbringlich (Hörnerthema).
- Schnitt – die Wirklichkeit 1915-19: Krieg, Hunger, Krankheit (erster Streichereinsatz).
- Versinken in düsterer Melancholie (Fagottsolo).

- Ausbrechen heller Verzweiflung.
- Entladen gewaltiger Energien (Fantasie wird Scherzo).
- Unaufhaltsam wachsendes Tempo bei zerfallenden Motiven.
- Mitten im Aufruhr eine Vision: das entstellte Traumbild (Posaunen).
- Schnitt – Sommeridyll.
- Spielende Kinder (Pizzicato, Flöten).
- Der Duft der Natur (Oboen-Dissonanzen).
- Das erschöpfte Ich am Boden liegend (Streicher, Posaunen).
- Mitten im Idyll eine Vision: das zerstörte Traumbild (Trompeten).
- Schnitt – Aufbruch der Zugvögel (Tremolo).
- Aufgeregtes Durcheinander, dann Bildung der Reiseformation (großes Holzbläserthema).
- Zugvögel: eine grenzenlos solidarische Schicksalsgemeinschaft im Überlebenskampf.
- Ihr Gesang näher kommend, zu menschlicher Klage mutierend,
- das am Boden liegende Ich erhebend (großes Streicherthema).
- Schwingende Flügelschläge werden zu entschlossenen Schritten (großes Blechbläserthema).
- Freude, Kraft und Liebe keimen: Die Sinfonie kann beginnen – Ende der Sinfonie.

UA 1919 Helsinki

# SECHSTE SINFONIE

Allegro molto moderato – der Dirigent taktiert ruhige 2/2 – wie eine träumende Standuhr. Aus dem Stand, nach und nach einsetzend, beginnen die Bögen der hohen Streicher, sich unendlich langsam zu bewegen. Ein weißer, schneeiger Klang entsteht, d-Moll, dorisch: mit heller Sexte und dunkler Septime, altertümlich und doch frisch und kühl, fremdartig und doch nah und warm – beinah weihnachtlich. Irgendwann fangen die Oboen ein volksliedhaftes Thema an, irgendwann setzen die Flöten es fort – eine zeitlose Musik. „Die *Sechste* erinnert mich immer an den Duft des ersten Schnees", sagte Sibelius, aber fügte hinzu: „Wut und Leidenschaft sind unter der Oberfläche verborgen." Ein duftiger, verzweigter Streicherklang waltet, die Blechbläser – zuständig für Wut und Leidenschaft – bleiben meist unter der Oberfläche verborgen; die Holzbläser geben den ruhigen Klangflächen Konturen. Reines Quellwasser also?

Eine Wintersinfonie – mit allem, was im Winter draußen nicht und dafür drinnen geschieht: sinnen, spielen, saufen, streiten – Schicksalhaftes am Kaminfeuer. Sibelius' (aus gesundheitlichen Gründen seiner Frau Aino gelobte) sieben Jahre der Abstinenz waren vorbei, und es könnte sein, dass er in seiner wunderbaren, verschwiegenen *Sechsten* versucht hat, das (männliche) Hauptthema Finnlands auf sehr poetische Weise – und authentisch – künstlerisch anzugehen.

Die Harfe bringt Bewegung in das Winteridyll des Anfangs, ein verspieltes Seitenthema rollt ab – bauen da Kinder einen Schneemann? Wenn es zu schneien anfängt, hat die Durchführung begonnen (glitzernde spiccato-Figuren in den hohen Streichern).

Jemand muss bitte die Kontrabässe wecken – diese haben jetzt erst ihren ersten Einsatz: So hell ist die Musik! Im Haus erschallt wildes Lachen (Holzbläserfiguren), jemand schlägt mit der Faust auf den Tisch (Pauke). Eine Frage steht im Raum – auf sie gibt es zwei Antworten: Eine streitbare (Blechbläser), eine versöhnliche (dorischer Schluss).

Allegretto moderato – der Dirigent taktiert 3/4, aber was dazu von Holzbläsern und Harfe erklingt, kann man nur als ein Taumeln bezeichnen, auch das Thema der Violinen – von mehrfachem Aufstoßen unterbrochen – ist ein Torkeln. Die Musik dreht sich im Kreis, am Schluss flimmert es vor Augen (flautando „säuselnd" in den Streichern) – liegt da jemand am Boden?

Poco vivace – das trotzige Scherzo will Haltung zeigen, aber die knirschenden Schritte im wirbelnden Schnee sind eigentümlich mechanisch ... *Wo willst du hin, Jean? - Nach Suviranta, Aino, mit Eero feiern!*

Allegro molto – man begrüßt sich, tauscht Glückwünsche aus. Dann wirft einer ein Streitthema in die Runde, und mit Wut und Leidenschaft fallen alle darüber her. Auch dieser Satz dreht sich im Kreis – am Schluss tanzen alle beschwingt davon ... die Winternacht schweigt – lächelt sie?

UA Helsinki 1923

JEAN SIBELIUS

# SIEBTE SINFONIE

Bisher waren Sibelius' Sinfonien stets in Helsinki uraufgeführt worden. Aber diese testete Sibelius zunächst in Stockholm als *Fantasia sinfonica,* bevor sie in Helsinki als *Siebte* erklang. Hier ist alles anders: Es gibt nur einen Satz, keine Sonatenform und keine festen Themen. Alles ist in Bewegung: Die Thematik und das Tempo. Den Rahmen – Anfang und Ende – bildet ein Adagio (A). Dazu gehört ein dreimaliges Posaunensolo (P), das wie eine moralische Instanz leuchtturmartig aus den dunklen Klangfluten ragt. Dazwischen entwickeln sich zwei turbulent steigernde Episoden: eine sinfonisch-dramatische (sdE), und eine schwingend-tänzerische (stE) mit Stretta. Dies ist das einfache Formschema: A-P-sdE-P-stE-P-A.

Auf „Fachmännisch" heißt der Anfang: eine leise Paukeninitiale, dann eine langsam aufsteigende (C-Dur) Tonleiter in den Streichern (bei nachschlagenden Bässen) mit Crescendo zu einem akzentuierten (trugschlüssigen) as-Moll-Akkord, der chromatisch zu changieren beginnt.

Dasselbe auf „Expressionistisch": In der Tiefe ein Geräusch, jemand schlurft angestrengt die Stiege im Elfenbeinturm der Sinfonik herauf, lässt von oben einen dicken Farbbeutel hinunterfallen und beobachtet, wie der Klecks nach allen Seiten verläuft ...

... ein archaisch kraftvoller Anfang! Zunächst ist kein Takt erkennbar, die zarten Arabesken der Holzbläser tauchen aus dem Klang auf und gehen unter; allmählich wird ein Sechsvierteltakt spürbar, der zwischen 3x2 und 2x3 wechselt – ein wogender Takt für einen fantastischen, sinfonischen Tanz!

Die sinfonisch-dramatische Episode fasziniert ohne festes Thema, aber die schwingend-tänzerische Episode ergreift durch
eine herrliche Melodie. Die lange Fermate im vierten Takt dieses
C-Dur-Bläserthemas (Sibelius nannte es *hellenisch* und die folgende Episode *hellenisches Rondo*) ist der Mittelpunkt der Sinfonie. Der wundersame Akkord, auf dem die Fermate ruht, ist
der gleiche, auf dem zu Anfang die ersten thematischen Arabesken sich bildeten, und ist der gleiche, auf dem am Ende sich alle
Thematik auflösen wird – so stimmig ist diese wie improvisiert
wirkende Musik. Es ist übrigens der gleiche Akkord (ein Subdo-
minantquintsextakkord*)*, der zu Anfang der *Fünften* die dortige
lange Fermate trug, bei der Sibelius zunächst nicht weiterwusste
– hier, in der *Siebten* weiß er sehr wohl weiter: Die Fortsetzung
des hellenischen Bläserthemas in den Streichern ist hellblickend,
um nicht zu sagen hellsichtig. Um dieser beglückenden acht Takte willen – mit der Fermate in der Mitte – wurde die Sinfonie geschrieben, für sie müssen die Leuchttürme des Posaunenthemas
helfen, die Turbulenzen davor und danach zu überstehen.

Den Höhepunkt der Sinfonie – nach der dritten *moralischen Po-
saunenkeule* – bildet ein Aufbrüllen der Hörner – wie ein ver-
wundeter Löwe: *rfffz = rinfortefortissimoforzando*, und die
Hände der Streicher beben wie wütend auf dem Griffbrett: Lar-
gamente/Affettuoso ...

In den letzten, langsamen Takten der *Siebten* zieht der schwere C-Dur-Bläserakkord das Thema der Violinen von D nach C hi-
nunter, dann presst er ein dissonantes H hinauf zum C, und man
hofft, dass die Dissonanz lange Widerstand leisten möge, man
will die finale Konsonanz nicht – hat der Romantiker Sibelius uns
in seiner letzten Sinfonie süchtig nach neuer Musik gemacht?

UA Stockholm 1924, Helsinki 1927

RICHARD STRAUSS

# SALOME

Aus der Tiefe ein leiser, bitonal schräger Klarinettenlauf zum
rhythmisch zuckenden, durch dissonante falsche Nebennoten
verschlagenen Salome-Thema, darüber ein gedämpfter gefährli-
cher cis-Moll-Trompetenakkord, von dem ein Tremolo flimmernd
aufsteigt, dann ein zweiter, modal gleitender Lauf hinauf in den
sinnlichen Klangbereich der Klarinette, darunter ein duftiger
Cis-Dur-Streicherakkord, durch Beimischung von Celesta funkelnd,
und von Harmonium mystisch, durch an- und abschwellenden Cel-
loseufzer lasziv – der nächtliche Palast des König Herodes wird im
weißen Mondlicht sichtbar, und Narraboth, ein jugendlich-jugend-
stiliger Offizier, singt mit verdrehtem Hals und schmachtenden
Augen: *Wie schön ist die Prinzessin Salome heute Nacht!*

Kürzer und plastischer kann eine Einleitung nicht sein – nach
fünf Sekunden befinden wir uns zweitausend Kilometer und
zweitausend Jahre weit weg ... Schon die erste Partiturseite zeigt
den versierten Klangmagier Strauss am Werk. Die Komposition
verfolgt ihren Weg und nimmt dabei alles an Anregungen mit,
was am Wege liegt: die schwüle Atmosphäre, die Bildorgien aus
Oscar Wildes Dichtung, die Charaktere, Gedanken und Lüste der
Akteure. Narraboth vergleicht Salomes Füße mit weißen Tauben
– die Holzbläser gurren; Salome tritt erregt herein – eine Pizzica-
to-Kette trippelt unter ihrer schweifenden Melodie ...

Salome hat das Bankett verlassen, weil Herodes (ihr Stiefvater) sie
mit seinen Maulwurfsaugen immer anstarrt, und weil die unge-
schlachten Römer und die unentwegt über ihre Religion streiten-
den Juden sie langweilen. Draußen hört sie aus der Zisterne die
Stimme des eingekerkerten Propheten Jochanaan: *Nach mir wird*

*einer kommen, der ist stärker als ich.* Sie verlangt ihn zu sehen. Narraboth kann sich diesem Verlangen nicht lange widersetzen. Als sie die asketische Gestalt des Propheten *(wie bleich und abgezehrt er ist)* erblickt, möchte sie ihn berühren und seinen Mund küssen. Jochanaan verflucht sie und steigt wieder in die Zisterne. Salome brütet erregt einen furchtbaren Plan aus. Herodes erscheint und bittet sie: *wenn du für mich tanzest, kannst du von mir begehren, was du willst.* Salome tanzt den *Tanz der sieben Schleier.* Als Belohnung verlangt sie *auf einer Silberschüssel den Kopf des Jochanaan.* Herodes versucht verzweifelt, sie umzustimmen – vergeblich. Der Henker steigt in die Zisterne. Salome lauscht in wilder Lust auf ein Geräusch ... Der Kopf erscheint, Salome küsst ihn leidenschaftlich ... *man töte dieses Weib!* befiehlt Herodes.

*Salome* war Strauss' erster Welterfolg auf der Opernbühne. Die kompositorische Palette reicht von sinnlichem Wohllaut bis zu scheußlicher Kakofonie, von lyrischem Arioso bis zu hysterischem Kreischen. Fantastisch: die beiden Zwischenspiele (Jochanaans Auftritt aus- und sein Abgang in die Zisterne) sowie Salomes Tanz.

Ein Striptease auf der Opernbühne! Zur ersten Klavierprobe mit Strauss erschien das Ensemble der Dresdner Staatsoper, um ihm die Verweigerung des Studiums mitzuteilen. Nur der Tenor Karl Burian (Herodes) sagte, er könne seine Partie schon auswendig, und beschämte so alle Anwesenden. Kaiser Wilhelm II. war empört: „Damit wird der Strauss sich schaden!" Aber Strauss konnte sich von diesem Schaden seine Villa in Garmisch kaufen.

Seine eigene Einschätzung der *Salome* lautete: „Die auftretenden Leute sind alle pervers, und – nach meinem Geschmack – der perverseste ist – der Jochanaan ..."

UA Dresden 1905

# DER ROSENKAVALIER

Wenn der Vorhang aufgeht, strömt die Morgensonne ins Schlaf-
gemach. Draußen zwitschern die Vögel, drinnen kniet der junge
Octavian (eine „Hosenrolle" für einen Mezzosopran wie Mozarts
Cherubin) vor dem Bett der Marschallin, deren sehr schöne Hand
herabhängt – dem Publikum dämmert, warum das Orchestervor-
spiel so stürmisch bewegt klang ... Stimmengewirr vor der Tür –
ist es der Feldmarschall, der Ehemann der Marschallin? Octavian
schlüpft schnell in die Kleider der Zofe. Nein – es ist ein Besuch:
der (heruntergekommene) Vetter Baron Ochs. Dieser möchte von
der Marschallin einen Verwandten empfohlen haben, der seiner
jungen Braut (aus reichem Hause) die silberne (Verlobungs-)Rose
überbringt nach der hochadeligen Gepflogenheit. Den Ochs wird
man nicht so schnell wieder los – er redet unaufhörlich oberös-
terreichisch und scharmutziert sofort mit der Zofe ...

Auf Vorschlag der Marschallin überbringt Octavian der jungen
Sophie Faninal die silberne Rose – und spannt sie gleich dem
Ochs aus. Das gibt Ärger, der Baron muss verarztet werden...

Die „Zofe" hat Ochs zum Scharmutzieren in ein Wiener Beisl be-
stellt. Dort erlebt er sein blaues Wunder. Wie ein rettender Engel
erscheint die Marschallin, befreit ihn kraft ihres guten Rufes aus
peinlicher Situation, erklärt seine Verlobung für geplatzt und ver-
pflichtet ihn zum Stillschweigen betreffs der Zofe. Dann gibt sie
Octavian und Sophie ihren Segen und geht Arm in Arm mit So-
phiens Vater Faninal ab. Das junge Paar ist im siebten Himmel ...

Hinreißend:

- der kammermusikalisch begleitete Monolog der Marschallin (im Wiener Dialekt) – sie erkennt, dass die Nacht mit Octavian ein Abschied war ...

- die Rosenüberreichung – der Opernauftritt aller Opernauftritte (mit viel Celesta- und Harfen-Lametta) – zwei junge Menschen im Bann ihrer Liebe auf den ersten Blick ...

- das tränenselige Terzett Sophie/Marschallin/Octavian: *Hab' mir's gelobt/Mir ist wie in der Kirch'n/Es ist was kommen* – alle drei in Gedanken.

Hugo von Hofmannsthal charakterisiert die Akteure dieser Komödie für Musik trefflich über ihre Sprache (Mundart, Wortschatz), seine dichterische Domäne war das gesellschaftliche Qui pro quo – der feine Betrug. Vielleicht hat er – als der sensiblere Partner dieser langjährigen fruchtbaren Künstlerbeziehung – dem unbedenklichen Geschmack des Musikers etwas zu sehr nachgegeben.

Richard Strauss wollte mit dem *Rosenkavalier* Mozart huldigen – durch Anspielungen auf *Figaros Hochzeit*: Die Zuneigung der Gräfin zu Cherubin wird zur Affäre zwischen der Marschallin und Octavian, der Flirt von Cherubin und Barbarina wird zur Verlobung von Octavian und Sophie, die Verkleidung Cherubins als Bauernmädchen wird zur Klamottenposse Octavians als Zofe, aus dem erotisch verirrten Grafen wird der geile Baron Ochs – eine brillante, leider recht lange und auf Dauer schwer sympathisch zu gestaltende Partie. Der Vergleich zwischen dem elegant tänzelnden *Figaro*-Orchester und dem verfetteten, plump walzernden *Rosenkavalier*-Apparat fällt nicht gut aus, zu sehr klingt Wien hier nach Münchener Oktoberfest, aber – siehe den kurzen Dialog zwischen der Marschallin und Faninal: *Sind halt aso, die jungen Leut'! – Ja,ja!*

UA Dresden 1911

PETER (PJOTR) ILJITSCH TSCHAIKOWSKY

# VIERTE SINFONIE

Von Weitem wirkt die Sinfonie klassisch: vier Sätze, der erste lang, mit einer getragenen Einleitung vor dem lebhaften, sonatenförmigen Hauptteil, die weiteren Sätze kürzer und übersichtlich. Canzona und Scherzo dreiteilig (ABA), das Finale rondoartig – ein richtiger Rausschmeißer.

Von Nahem allerdings erweist sich die *Vierte* als Seelendrama – das erste in der Folge der drei letzten großen Sinfonien von Tschaikowsky. Dabei steht die klassische Form dem musikalischen Bekenntnischarakter im Wege – wie gesellschaftliche Normen der Selbstverwirklichung des Einzelnen im Wege stehen. Erst in seiner sechsten und letzten Sinfonie *Pathétique* verwarf Tschaikowsky die klassischen Normen und erreichte Kongruenz zwischen seinem persönlichen Ausdrucksbedürfnis und der musikalischen Form.

Die Einleitung ist ein Fatum: Hörner blasen zur Jagd – auf einen Menschen. In greller harmonischer Beleuchtung wiederholen die Trompeten den Schicksalsspruch, zwei erbarmungslose Tuttischläge, dann verblasst der Albtraum – zurück bleibt ein verstörter Außenseiter ... das Fatum droht über allen Portalen des Sonatensatzes: zu Beginn der Durchführung, vor der Reprise, in der Coda. Trotzdem: Das wiegende Seitenthema – von der Klarinette angestimmt – ist unvergesslich: berückende Illusion eines erträumten Glückes ...

Nach dem Drama des ersten Satzes ist die Ruhe der Canzona wohltuend. Eine melancholische Melodie wandert durch das Orchester in gleichmäßiger, sanft phrasierter Bewegung ...

Das Scherzo ist eine Groteske: Bizarr springen die Pizzicati zwischen den Streichergruppen hin und her; fast parodistisch wirken die Bläsereinwürfe in ihrem aufgeregten Marschgehabe ...

Finale – endlich wacht das Schlagzeug auf! Ein wildes Volksfest – wie es das Ego erlebt: erst begeistert, dann depressiv und panisch. Das Ego versucht zu fliehen, aber das Fatum vertritt ihm den Weg: Zurück auf Anfang!

Nach einer langen Fermate führt ein sehr allmählich, aber unaufhörlich wachsender Paukenwirbel zum taumelnden, schweißtreibenden, opernhaft applausträchtigen Schluss – ist da jemand unter die Räder geraten?

UA Moskau 1878

# FÜNFTE SINFONIE

Äußerlich ist die *Fünfte* – wie ihre Vorgängerin – klassisch gebaut: vier Sätze, die lebhaften Ecksätze mit langsamen Einleitungen, die Mittelsätze dreiteilig (ABA) mit Coda. Auffällig ist, dass das Thema der ersten Einleitung – es ist wie in der *Vierten* ein Fatum, ein Schicksalsmotiv – in allen folgenden Sätzen an entscheidenden Stellen auftaucht und das ganze Finale beherrscht. Innerlich ist die *Fünfte* ein Seelendrama – das zweite in der Folge der letzten drei großen Sinfonien von Tschaikowsky – auf höherer, vielmehr tieferer Ebene, tiefer im Sinne von abgründig.

Dumpf und düster beginnt es: ein zielloses, ausweglloses Stapfen in kalter Winternacht. Das trauermarschähnliche, kurzatmige Thema in den tiefen Klarinetten tönt hohl und bitter. Die müden Akkorde der Streicher drücken und knirschen wie Stiefel im Schnee – ein sehr russischer Anfang! Unbemerkt hat das Tempo zugenommen – aus dem Trotten wird ein böser Gewaltmarsch, und was sich jetzt – innerhalb der Sonatenform – abspielt, ist ein greller Wechsel von krampfartiger Brutalität und empfindlicher Sensibilität, frenetischem Jubel und dröhnendem Hohngelächter. Am Ende verliert sich die Spur im Dunkel.

Aus dem Dunkel scheint ein Choral zu kommen, aber die ersten Takte des zweiten Satzes erweisen sich als modulatorische Vorbereitung für das große, wunderbare Hornsolo dolce con molto espressione – zart, mit großem Ausdruck. Der Wiener Dirigent Hans Richter pflegte zu Beginn dieses Satzes sein Taschentuch bereit zu halten. Nach und nach animiert das Horn das ganze Orchester, aus dolce wird con desiderio – mit Hingabe, auf dem Höhepunkt selbstvergessener Raserei gebietet das Fatum Einhalt.

Der Schluss ergreift in seiner verhauchenden Resignation – eines der vielen ausdrucksvollen Klarinettensoli dieser Sinfonie.

Der dritte Satz ist ein eleganter Valse. Die farbige, luftige Instrumentation gibt dem brillanten Trio seinen hintergründigen, tuschelnden Charakter. Das letzte Wort hat wiederum das Fatum – leise und bösartig ...

Tschaikowsky zweifelte an der Qualität des Finalsatzes. Als selbstkritischer Künstler spürte er genau, dass die bekenntnishafte Darstellung negativer Befindlichkeit leichter überzeugend zu gestalten ist als der utopische Entwurf einer positiven Gegenwelt. Aber die Begeisterung des Publikums für das effektvolle Finale beruhigte ihn, und nachdem er festgestellt hatte, dass er selbst gut dirigieren konnte, machte ihm der Satz – wie jedem Dirigenten – Spaß. Die Metamorphose des Fatums aus einem ursprünglichen Trauermarsch in einen abschließenden Triumphmarsch mag fragwürdig sein, aber wir alle haben ein Recht auf Utopien ...

UA St. Petersburg 1888

PETER (PJOTR) ILJITSCH TSCHAIKOWSKY

# SECHSTE SINFONIE

## *Pathétique*

Die *Sechste* sollte „den Schlussstein meines ganzen Schaffens bilden", sie sollte ein Programm enthalten „von der Art, dass es für alle ein Rätsel bleiben wird". Nach der Uraufführung fand Tschaikowskys Bruder Modest den Titel: *Pathétique* – die Leidenschaftliche. Zwar waren die beiden vorausgegangenen Sinfonien ebenfalls leidenschaftliche Seelendramen, aber in seiner letzten gelangte Tschaikowsky zu einer eigenen Form. Im Kopfsatz brach er das Sonatenschema auseinander, indem er die dramatischen von den lyrischen Episoden durch Fermaten trennte: Zwischen der „äußeren" und der „inneren" Welt gibt es keine Brücke. Außerdem stellte er die Reihenfolge der vier Sätze um: Zweiter und dritter Satz sind spielerisch – wie Intermezzo und Scherzo; Letzteres wird zum martialischen „äußeren" Finale geweitet. Als Schlusssatz folgt ein klagendes Adagio lamentoso – das „innere" Finale.

Die Einleitung beginnt als Vorwegnahme der Stimmung im vierten Satz: Auch dort prägt der „schwarze" Klang vom tiefen Fagott das Bild. Im Allegro erleben wir sensible Kammermusik, gesellschaftliches Geschnatter, Wutausbrüche, Davonstürmen, Sehnsucht und Leidenschaft, Todesahnung und Todessehnsucht ...

Das elegant-graziöse Intermezzo bewegt sich im tänzerischen Fünfvierteltakt, das Trio – über einem pulsierenden Ostinato – hat schimmernde Augen ...

Der dritte Satz Scherzo beginnt ohne Thema – aufgeregte Vorbereitungen für ein großes Ereignis. Als dieses in Gestalt eines strahlend-fatalen Marsches eintritt, schlägt die Stunde des Schlagzeugs!

Oft klatscht das Publikum spontan nach diesem Satz – und das ist gut so, denn nach dem abschließenden Adagio lamentoso kann niemand eine Hand rühren ... das schmerzvolle Thema entsteht unter heftigen Verrenkungen der Streicher auf ihren Instrumenten, mehrfach bricht die Musik erschöpft ab. Ein lang gezogener, leiser Klang vom Tamtam unter Requiemklängen der Posaunen wirkt wie der Todeshauch – „nicht selten habe ich, wenn ich (an der Sinfonie) arbeitete, sehr geweint".

Das Programm der Pathétique ist leicht zu enträtseln; rätselhaft bleibt, mit welcher Klarheit und Kraft, Härte und Zartheit Tschaikowsky sein eigenes Requiem gestaltete.

UA St. Petersburg 1893

PETER (PJOTR) ILJITSCH TSCHAIKOWSKY

# EUGEN ONEGIN

Eine chromatisch gereizte, absteigende Seufzerphrase löst sich
in eine ostinate Halbkadenz – oder besser mit Puschkin: „was
man sich wünscht / passiert nur in Romanen / ach ja ...“; dieses kunstvoll-melancholische Motiv prägt den Stil der ganzen
Oper. Tschaikowsky legte Wert auf den Untertitel „lyrische Szenen“. Er wollte keine „große Oper“ schreiben, er suchte die inti-
me Nähe seiner Bühnenfiguren: die Gutsherrin Larina und die
Amme (Njanja) ihrer Töchter unterhalten sich auf der Veranda
über ihr enttäuschendes Leben, Tatjana und Olga, die im Haus
am Klavier ein Lied singen, haben auch nichts anderes zu erwarten als ein finanziell sorgloses, langweiliges Landleben – mit einem derart „verstimmten“ Frauenquartett beginnt die erste lyrische Szene.

In diese Tristesse gerät Eugen Onegin. Sein Freund Wladimir
Lenski, ein mit Olga quasi verlobter Dichter, hat aus einer Laune
heraus seinen Freund mitgebracht. Nachts findet Tatjana keinen
Schlaf – sie hat sich in Onegin verliebt und schreibt ihm einen
Brief. Die erbetene Aussprache verläuft frustrierend: Onegin begegnet dem Mädchen höflich, aber kühl: Er wäre nicht geeignet
für die Ehe. Auf dem Fest am nächsten Tag reitet ihn der Teufel:
Er flirtet mit Olga, bis Lenski ihn zum Duell fordert. Dieses Duell im Morgengrauen gibt beiden Herren kurz Gelegenheit, zu
denken, wie sinnlos ihr Tun ist, dann erschießt Onegin seinen
Freund. Jahre später – nach ruhelosen Auslandsreisen – kommt
er zurück nach Russland und begegnet auf einem Ball beim alten Fürsten Gremin Tatjana wieder. Diese hat Gremin geheira-
tet. Jetzt entflammt Onegins Herz, und er bittet Tatjana um ein
Treffen. Dieses kann nur schmerzhaft enden – für beide Seiten.

- temperamentvoll: das Erntelied der Bauern – während Tatjana in einen Roman versunken ist,
- süß: das Lied der Beeren pflückenden Mädchen – als Hintergrund zur Begegnung zwischen Tatjana und Onegin allerdings bitter,
- brillant: die Tanzszenen: der Walzer auf dem Fest bei Larina – mit viel Getuschel der Gäste,
- die Polonaise und die Eccossaise auf dem Fest bei Gremin – doch ziemlich „große Oper",
- aufwühlend: die nächtliche Briefszene Tatjanas,
- depressiv: die Arie des Lenski vor dem Duell im Morgengrauen – die ganze Szene ist schaurig,
- wohltuend – in all der Seelendramatik: die Arie des Fürsten Gremin, der seine junge Frau anbetet,
- verzweifelt: das Abschiedsduett zwischen Tatjana und Onegin.

Tschaikowskys differenzierte, expressive, nervöse Musik geht aufs Gemüt – man sollte danach an sich arbeiten – und vor allem einen Spaziergang machen ...

UA Moskau 1879

# PIQUE DAME

In einem Park in St. Petersburg, dem „Sommergarten" spielen Kinder. Opernszenen mit Kindern kommen immer zu Beginn, denn der Kinderschutz schaut auf die Uhr, auch soll ihnen die weitere Handlung erspart bleiben... Einen Erwachsenenschutz gibt es nicht – diese sind ihrer Gesellschaft, ihrem Charakter und ihren Leidenschaften ausgeliefert.

Die Gesellschaft um Fürst Jeletzky und Graf Tomsky erlebt – mit Abscheu und Vergnügen, wie Hermann, ein deutschstämmiger Russe mit unruhigem Charakter, seinen Leidenschaften erliegt. Erst ist es die Leidenschaft für die junge Gräfin Lisa – frisch verlobt mit Jeletzky, die er triebhaft verfolgt, doch bald wendet er sich – aus Spielleidenschaft – ihrer Großmutter zu, als er erfährt, dass diese in jungen Jahren eine leidenschaftliche Kartenspielerin war und über diabolisch-magische Kräfte verfügt. Er bedrängt die Gräfin, ihm eine treffsichere Dreierkombination (*drei Karten, drei Karten, drei Karten*) zu verraten – aber angesichts seiner Pistole erleidet die alte Dame einen Herzanfall. Als Geist erscheint sie dem mittlerweile wahnsinnigen Hermann, bittet ihn, Lisa zu retten, und verrät ihm die Kombination. Leider erweist sie sich als falsch – Pique Dame statt Ass wäre richtig gewesen. Lisa ist aus Verzweiflung in die Newa gesprungen, die „Freunde" singen Hermann ein Requiem ...

Hermann – ein sich auflösender Charakter wie „Hoffmann" (Jacques Offenbach) – ist eine sängerisch wie darstellerisch kaum zu bewältigende Partie.

- beklemmend: das Quintett um den erbleichenden Hermann, als dieser Lisa und die alte Gräfin im Park erblickt,

- spukhaft: die Ballade des Tomsky über die frühere Spielleidenschaft der Gräfin,
- traurig schön: Paulines Lied – in seiner Hoffnungslosigkeit ist es das klingende Motto dieser Oper,
- zerrissen: Lisas Sehnsuchtsarie – sie möchte ihrem Verlobten treu sein, ist aber Hermann verfallen,
- eindringlich: Hermanns Liebeswerben – schwankend zwischen Kniefall und Gewalt,
- wohltuend: Jeletzkys Arie – er bietet Lisa seine Nachsicht und wirbt um ihr Vertrauen,
- makaber: das nostalgische Lied der alten Gräfin aus ihrer Jugend – ein „vermodert" aufgemachtes Zitat aus einer Oper von Gretry,
- schaurig: die Kasernenszene – der Geist der Gräfin erscheint Hermann, im Hintergrund – wie aus der Verdammnis – erklingt sein Requiem,
- hinreißend: das Spiellied des Chores – mit hakenschlagenden Taktwechseln,
- tiefsinnig: Hermanns Lied: *das Leben gleicht dem Spiel ...*

Die Hauptprobe im Kaiserlichen Theater wurde vom Zarenpaar besucht – da in der Oper der Festakt beim Fürsten Jeletzky ebenfalls von der seinerzeitigen Zarin besucht wird, war der Riesenerfolg der Premiere programmiert ...

UA St. Petersburg 1890

# NABUCCO

Bevor Verdi *Nabucco* zu schreiben begann, war er ein 27-jähriger Selbstmordkandidat. Binnen weniger Monate waren sein Töchterchen, sein Söhnchen und seine geliebte Frau Margherita gestorben; eine unter diesen Umständen entstandene komische Oper wurde in der Mailänder Scala ausgepfiffen. Verdi schwor, nie wieder eine Note zu schreiben, aber der Impresario Bartolomeo Merelli stopfte ihm ein Libretto in die Manteltasche, das Otto Nicolai abgelehnt hatte. In seiner Absteige angelangt, warf Verdi das Libretto auf den Tisch: „Das Heftchen hatte sich geöffnet und ohne es zu wissen, fielen meine Augen auf folgenden Vers: *Va, pensiero, sull'ali dorate* – Flieg, Gedanke, auf goldenen Flügeln ..." Merelli hatte Verdi die Aufführung gleich nach Beendigung der Partitur zugesagt. Verdi bestand darauf, auch, weil er eine bestimmte Sängerin als *Abigail* wünschte: Giuseppina Strepponi. Am Morgen nach der Premiere war Verdi berühmt, und Giuseppina trat in sein Leben.

Die vier Teile haben plakative Überschriften:

*Jerusalem* – auch 587 v. Chr. herrschte dort kein Frieden.

*Der Frevler* – Nabucodonosor, Nabucco, auch Nebukadnezar genannt, wirft sich zum Gott auf und wird mit Wahnsinn gestraft.

*Die Prophezeihung* – die gefangenen Israeliten träumen von einer goldenen Zukunft – in Frieden.

*Das zerbrochene Götzenbild* – Jehova setzt ein Zeichen.

Verdis Musik ist für die Sänger anspruchsvoll, teilweise extrem (Abigail), im Orchester aggressiv und rhythmisch, das Melos ist glühend und von hinreißendem Schwung.

*Nabucco* wurde im damaligen Italien sofort politisch verstanden, Verdis Name wurde später zur Chiffre der Unabhängigkeitsbewegung: V.E.R.D.I. = Vittorio Emanuele, Re d'Italia.

Bei Verdis Begräbnis sang Italien: *Va, pensiero, sull'ali dorate.*

UA Mailand 1842

# SIMON BOCCANEGRA

Der in Genua populäre Korsar Simon (Simone) Boccanegra – er befreite die Stadt vom Zugriff der Seeräuber – hat ein uneheliches Kind mit Maria, Tochter des Edelmannes Fiesco. Dieser verweigert ihm seine Zustimmung zur Ehe, sperrt seine Tochter ein und gibt das Kind in fremde Obhut.

Erschütternd: der Moment, als Simone vom Tod seiner Geliebten erfährt, während ihn das Volk zum Dogen ausruft. Zwanzig Jahre später besucht der Doge die Villa der Patrizierfamilie Grimaldi. Sein Vertrauter Paolo Albiani möchte Amelia, die Tochter des Hauses, heiraten, und der Doge soll für ihn werben.

Bewegend: das Duett, in dem Simone in Amelia Grimaldi seine Tochter erkennt. Da Amelia ihr Herz schon dem Genueser Gabriele Adorno geschenkt hat, teilt Simone Paolo kurz mit, dass er verzichten müsse. Wütend entführt Paolo zusammen mit dem Abenteurer Lorenzo das Mädchen, aber Gabriele befreit sie, dabei tötet er Lorenzo.

Gewaltig: die aufgebrachte Ratsversammlung der Genueser Parteien. Zunächst streiten Patrizier und Plebejer – gegeneinander, und miteinander gegen Venedig –, dann zieht ein Volksaufstand alles in seinen Bann. Die Menge fordert den Kopf des Dogen als Rache für Lorenzos Tod. Jemand hat das Gerücht gestreut, der Doge sei der Anstifter der Entführung Amelias, deren Verhältnis zu ihm noch unbekannt ist. Amelia erscheint im Rat und sagt aus, nicht der Doge sei der Anstifter gewesen, dieser sei aber anwesend ...

Großartig: das von Amelia angeführte Friedensensemble auf Worte des Dichters Petrarca, der im 15. Jahrhundert die Genueser und Venezianer – aus Liebe zum gemeinsamen Vaterland – zum Frieden aufrief.

Dramatisch: Simone hat Paolo als Anstifter durchschaut, stellt ihn zwar nicht bloß, zwingt ihn aber, den noch unerkannten Verbrecher vor allen Anwesenden zu verfluchen.

In der Nacht träufelt Paolo Gift in Simones Schlaftrunk und fordert Gabriele auf, den Dogen zu ermorden, wozu dieser aus Eifersucht bereit ist. Als er mit dem Messer in der Hand vor dem schlafenden Dogen steht, erfährt er von Amelia, dass dieser ihr Vater ist.

Schmerzvoll: das Terzett, in dem Simone mit sich ringt, ob er Gabriele – auf Bitten von Amelia – verzeihen darf.

Grandios: Der sterbende Boccanegra und Fiesco versöhnen sich, da Fiesco in Amelia seine Enkelin erkennt. Die Anwesenden im Saal und das Volk vor dem Palast intonieren gemeinsam das Requiem – ein raumakustisch genialer Effekt.

*Simon Boccanegra* ist in Zeiten des Unfriedens Verdis aktuellste Oper. Amelia ist der Friedensengel – geradezu symbolisch ist sie in Verdis tragischem Werk die einzige Frauenfigur, die – nach ausgestandenem Leid – am Schluss in eine helle Zukunft blickt.

UA Venedig 1857, endgültige Fassung: Mailand 1881

# MACBETTO

Die Dramen von Shakespeare und Schiller bedeuteten für Verdi eine große Herausforderung. Er ließ es nicht zu, dass seine Librettisten diese auf ihre äußere Handlung reduzierten, er wollte mit seiner Kunst dem sprachlichen und dramatischen Rang der Vorlagen ebenbürtig sein.

Die Musik zu *Macbeth* ist vom ersten bis zum letzten Ton düster und unheimlich:

- fantastisch: die Hexenszenen – mit hässlicher Wildheit,
- magisch: die Geistererscheinungen – mit Fernorchester aus der Zukunft,
- beklemmend: die Wahnsinnsszenen – mit manisch überreizten Begleitmustern im Orchester,
- großartig: die concertato-Ensembles, in denen alles vor Entsetzen erstarrt – mit einer musikalischen Drastik, die stilistisch Kurt Weill vorwegnimmt.

Anlässlich der Pariser Erstaufführung 1865 – 18 Jahre nach der Uraufführung in Florenz – arbeitete Verdi mit geschärfter Erfahrung einiges geschickt um: So wurde eine reuige Schlussansprache des Macbeth gestrichen, dieser wird nunmehr – nach Erfüllung der Hexenorakel – irgendwann während einer brillanten Schlachtmusik erschlagen. Verdi war so in Schwung, dass ihm auch die von Paris geforderte Ballettmusik hinreißend gelang.

Für die Partie der Lady Macbeth – sie ist die eigentliche Hauptperson – verlangte Verdi eine Sopranistin, die nicht schön aussehen und nicht schön singen dürfe. Für die Partie des Macbeth

bedarf es eines Baritons von großem stimmlichen und darstelle-
rischen Format. Die Oper hat keine eigentliche Liebeshandlung,
aber das erregte Duett von beiden nach ihrem ersten gemeinsamen Mord ist von schauriger Erotik – das italienische Publikum
verstand das: Bisweilen wurde es fünfmal da capo verlangt.

UA Florenz 1847

# RIGOLETTO

„Situazioni potentissimi!", rief Verdi begeistert – „kraftvolle Situationen!" Es schreckte ihn nicht ab, dass das Versdrama „Le roi s'amuse" von Victor Hugo gleich nach der Premiere in Frankreich verboten worden war – dafür bekam er es nun mit der österreichischen Zensur zu tun: Ein lüsterner Herzog, der sich nachts inkognito herumtreibt? Die Leiche eines Mädchens in einem Sack? Ein Krüppel auf der Bühne? „Ekelhafte Amoralität und obszöne Trivialität!", lautete das Urteil.

Rigoletto, der missgestaltete Hofnarr, ist ein amoralischer seelischer Krüppel: Er verhöhnt Graf Monterone, der die Entehrung seiner Tochter durch den Herzog von Mantua anprangert, versucht aber seinerseits, die ängstlich gehütete eigene Tochter Gilda vor gleichem Schicksal zu bewahren ...

Mit dem Fluch des Monterone gegen den hochmütigen Rigoletto beginnt die Oper – ein düsteres Blechbläserthema, das Rigoletto nicht vergessen kann ...

Gegensätzliche kraftvolle Situationspaare:

- die glänzende Festszene – mit einer „Banda" (eine Militärkapelle hinter der Bühne) und das zwielichtige Gespräch zwischen Rigoletto und dem Meuchelmörder Sparafucile – Cello und Kontrabass singen dazu eine böse Melodie,
- das väterlich besorgte Duett Rigolettos mit Gilda, die ihm ihren Verehrer verheimlicht, und das ungestüme Liebesduett Gildas mit dem armen Studenten Gualtier Maldé (alias der Herzog),

- der perfide Chor der Höflinge, die Gilda entführt haben, und die verzweifelte Arie des Rigoletto, der seine Tochter sucht – sie wird eine Tür weiter vom Herzog verführt,
- das „klassische" Quartett im nächtlichen Mantua – Verdi probte es einhundertfünfzigmal, und die wilde Gewitterszene – mit schaurigen Chorvokalisen im Hintergrund, die das Heulen des Sturms und das Unheilvolle des Geschehens ausdrücken.

Die berühmte Tenorarie *La Donna e mobile* fügte Verdi erst kurz vor der Premiere ein – die Spatzen sollten sie nicht schon von den Dächern pfeifen.

*Rigoletto* wurde noch im Jahr der Uraufführung an sämtlichen italienischen Opernhäusern nachgespielt, es folgten Buenos Aires, New York, Tiflis, Braunschweig, Alexandria und Konstantinopel – es war der erste „Welterfolg" einer Oper!

UA Venedig 1851

GIUSEPPE VERDI

## IL TROVATORE

Die Mutter der Zigeunerin Azucena war verbrannt worden, weil sie angeblich einen der beiden kleinen Söhne des vorigen Grafen Luna behext hatte. Aus Rache raubte Azucena den anderen kleinen Sohn, warf aber in ihrem Fanatismus versehentlich ihr eigenes Söhnchen ins Feuer. Sie zog den geraubten kleinen Jungen auf und gab ihm den Namen Manrico.

Als Erwachsener wird Manrico – in Unkenntnis seiner Identität – zum Kriegsgegner des jungen Graf Luna. Beide lieben die schöne Leonora von Sargasto. Manrico hat als nächtlicher Trovatore ihr Herz erobert. Der eifersüchtige Graf Luna lässt Manrico einkerkern. Leonora bietet sich Luna an, um Manrico freizukaufen, hat aber schon Gift genommen. Wutentbrannt lässt Luna Manrico hinrichten – Azucena triumphiert: *Er war dein Bruder!*

Von Anfang an gab es einhellige Zustimmung zur Musik des *Trovatore*: brillant, dramatisch, melodisch, populär ... und einhellige Ablehnung des verworrenen Librettos.

Vielleicht lag es daran, dass der Librettist Salvatore Cammarano während der Arbeit starb, aber vielleicht ist die Sprunghaftigkeit der Handlung auch gewollt – als romantischer Irrationalismus.

Ob Schlossvorhalle, Burgruine, Klosterkreuzgang, Kriegslager, Kastell, Palastsaal, Kerker – fast immer herrscht Nacht, fast immer lodern Flammen – auch in den Herzen und vor allem in der gequälten Seele von Azucena.

Der Chor hat viel zu tun: Gemeinsam erscheint er als Zigeuner und Zigeunerinnen; die Herren sieht man außerdem als Krieger, die Damen hört man als Nonnen – hinter der Bühne, denn in Italien war es verboten, die Kirche auf die Bühne zu bringen. Impresario Jacovacci dürfte es recht gewesen sein: So konnte er bei den Kostümen sparen, denn zwei gleichwertige weibliche Hauptrollen waren teuer.

*Il Trovatore* – mit vier guten Protagonisten wird aus einem Schundroman ein faszinierendes musikalisches Feuerwerk menschlicher Leidenschaften!

UA Rom 1853

# LA TRAVIATA

Betroffen saßen Verdi und Giuseppina Strepponi im Pariser Vaudeville-Theater und sahen „Die Kameliendame" von Alexandre Dumas – was sich auf der Bühne abspielte, war nicht nur ein moderner Stoff, sie erlebten es gerade selbst: Antonio Barezzi, der Vater von Verdis früh verstorbener Frau Margherita, den er sehr verehrte, machte ihm brieflich Vorwürfe wegen seiner ungesetzlichen Beziehung zu einer Frau „mit Vergangenheit". Der Sohn auf der Bühne knickte gerade vor seinem Vater ein, Verdi aber verwahrte sich gegen die Einmischung seines Schwiegervaters und der spießbürgerlichen Gesellschaft seiner Heimatstadt Busseto. Aus diesem Widerstand, dieser Entschlossenheit zu einem freien Leben erwuchs der harte Stil der Oper *La Traviata – die Gefallene.*

Es beginnt mit einem Adagio-Vorspiel (geteilte hohe Streicher), leise, eisig und mit schneidend scharfen Akzenten, dann folgt eine glühende „melodia lunga" – und wir spüren: Wir sind gemeint.

Erster Akt: Rauschendes Fest bei Violetta Valery, einer kränklich blassen Schönheit der Pariser Halbwelt – Salonlöwen, Lebedamen, Klatsch und Tratsch. Alfredo, jüngster Partygast, soll ein Trinklied anstimmen – Verdis Trinklieder (brindisi) haben es in sich! Alfredo gesteht Violetta seine Liebe, sie aber weiß nicht, was Liebe ist – verwirrt schenkt sie ihm eine Kamelie aus ihrem Haar: Wenn diese verblüht sei, dürfe er sie besuchen ...

Zweiter Akt: Violetta hat sich mit Alfredo in ihr Landhaus zurückgezogen, doch sein Vater Germont spürt das Liebesnest auf.

Um der Familienehre willen verlangt er von Violetta, Alfredo einen Abschiedsbrief zu schreiben. Alfredo glaubt sich betrogen, weiß sie auf einem Pariser Fest ausfindig zu machen und wirft ihr vor allen Gästen Geld vor die Füße. Sein ihm nachgeeilter Vater kanzelt ihn heuchlerisch ab – der Skandal ist perfekt!

Dritter Akt: Abermals das eisige Adagio – diesmal bei geöffnetem Vorhang und hoffnungslos: Die melodia lunga der Liebe schweigt. Die kranke Violetta liegt im Sterben. Im letzten Moment erscheint Alfredo, um sie um Verzeihung zu bitten – ein berührendes, illusionäres Duett, dann steht die Gefallene vom Lager auf und geht in die Freiheit ...

Faszinierend:

· die Arie der von Alfredos Liebe verwirrten Violetta,
· das emotionale Duett des Vaters Germont mit Violetta, das mit ihrem Verzicht endet,
· ihr Abschiedsbrief (Klarinettensolo!),
· die gereizte Kartenspielszene – der Eklat liegt in der Luft,
· das erbarmungslose Skandalensemble – gesellschaftliches Mobbing als concertato-Finale.

Bei der Premiere fiel *La Traviata* durch, weil die Hauptdarstelerin für eine schwindsüchtige Kurtisane zu dick war – auch als Publikum ist die Gesellschaft erbarmungslos!

UA Venedig 1853

# UN BALLO IN MASCHERA

Dass die Zensurbehörde im Königreich Neapel – nach dem Attentat auf Ferdinand II. von 1856 – eine Oper mit einem Königsmord ablehnte, war klar, auch wenn deren Handlung im fernen Schweden und 1792 spielt. Verdi ließ sich gerichtlich bestätigen, dass die erforderlichen Änderungen sein Werk entstellten. Er zog die Oper zurück und vergab die Uraufführung nach Rom. Aber auch dort wurde Entpolitisierung verlangt – die Behörden waren überall nervös.

Dergestalt neutralisiert, liest sich die Handlung so: Eine Frau hat eine Beziehung mit dem Freund und Vorgesetzten ihres Mannes, dieser kommt dahinter – und auf einem Maskenball passiert es. In der Theaterwelt werden ohnehin alle Figuren auf Vornamen reduziert: Riccardo, Renato, Amelia, Oscar, Ulrica, Samuel und Tom. Die Musik ist stark, nach wann und wo fragt niemand. Durch den Protokollchef Oscar – dargestellt von einem zwitschernden Koloratursopran – kommt ein spielerisch-surrealer Zug in das Geschehen. Man ist auf Abenteuer aus: Als eine Wahrsagerin angeklagt werden soll, beschließen alle, sich erst einmal von ihr das Horoskop stellen zu lassen.

Üblicherweise wird im *Maskenball* nicht gekürzt, denn die Highlights folgen dicht aufeinander:

- das träumerische Vorspiel,
- Renatos Treuebekenntnis zu seinem Freund und Herrn Riccardo,
- das ausgelassene Ensemble der Vorfreude auf den Besuch bei der Wahrsagerin Ulrica,

- deren magische Beschwörungsarie,
- das Terzett bei Ulrica: Amelia, Renatos Frau, sucht ein Heilmittel gegen ihre Gefühle für Riccardo, dieser belauscht die Szene und will sich auch unter dem Galgen einfinden, wo mitternachts das Heilkraut gegen verbotene Gefühle zu finden sein soll,
- die ganze Szene unter dem Galgen, darin:
- die Arie Amelias – sie liebt Mann und Freund,
- das Duett der verbotenen Gefühle,
- das Terzett der Angst vor Entdeckung – als Renato dazu kommt, Riccardo vor den Verschwörern Samuel und Tom zu schützen, nicht wissend, wer die Dame bei ihm ist,
- das Spott-Ensemble der Verschwörer, als Amelia ihren Schleier lüften muss, um ihren Gatten zu schützen,
- die verzweifelte Arie des Renato – er liebt Frau und Freund, beide haben ihn betrogen,
- die makabre Szene, in der zwischen Renato, Samuel und Tom das Los gezogen wird, wer Riccardo ermorden soll – mit dämonischem Trompetensolo,
- der Maskenball – mit einer traumhaft zarten, erotischen und dabei tieftraurigen Kammermusik im Hintergrund.

Nach allem Ärger mit der Zensur gestaltete sich auch noch die Überfahrt von Verdi und Giuseppina per Schiff von Genua nach Citavechia zur Premiere in Rom unangenehm – sogar Luolou, der Malteser-Spaniel, soll seekrank gewesen sein.

UA Rom 1859

# LA FORZA DEL DESTINO

Drei heftige Schläge – Stille, wieder drei Schläge, dann nimmt das Schicksal unerbittlich seinen Lauf – so beginnt die dramatische Ouvertüre. Mit demselben Motiv (pianissimo) beginnt die erste Szene der Oper.

Leonora di Vargas und Alvaro, ein Inka, wollen fliehen, weil ihre Familie ihn ablehnt. Von ihrem Vater überrascht, wirft Alvaro zum Zeichen seiner Friedfertigkeit seinen Revolver weg, dabei löst sich ein Schuss, der den Marchese tötet. Leonoras Bruder Carlos di Vargas verfolgt beide in blindem Hass. Sie verlieren sich, Leonora sucht Zuflucht in der Eremitage eines Klosters, Alvaro wird Soldat.

Ohne einander zu kennen, kämpfen Alvaro und Carlos Seite an Seite und schließen Freundschaft, bis Carlos zwischen Alvaros Briefen ein Bild von Leonora entdeckt. Alvaro sucht Zuflucht in einem Kloster. Carlos spürt ihn auf, reizt ihn und wird tödlich verwundet. Alvaro ruft den Eremiten zu Hilfe – es ist Leonora. Noch im Sterben tötet Carlos seine Schwester. Alvaro hat, ohne es zu wollen, die Familie Vargas ausgelöscht – durch *die Macht des Schicksals.*

Verdi hatte seit drei Jahren nicht mehr geschrieben, da kam der Auftrag des russischen Zaren: Sechzigtausend Goldfranken und freie Stückwahl – „nur bitte nichts Republikanisches", mokierte sich Giuseppina. Sie suchte die Wintergarderobe zusammen, orderte Pasta, Rotwein und Champagner; mit Dienern und Dolmetscher reiste man per Bahn – die Fahrt über Paris, Berlin und Warschau dauerte zwei Wochen.

Im Petersburger Orchester spielte – Macht des Schicksals – der Mailänder Klarinettist Ernesto Cavallini – für ihn schrieb Verdi ein wunderbares Solo in der Arie des Alvaro.

Da ihm der Zar freie Hand ließ, bevölkerte Verdi die Bühne mit in Italien undenkbaren Figuren: In den Klosterszenen der ehrwürdige Pater Guardian und der dämliche Fra Melitone, der keine Lust hat, das bettelnde Volk zu speisen und dem Suppenkessel einen Tritt verpasst, in den Kriegsszenen die Marketenderin Preziosilla und in ihrem Gefolge Trödler (Trabucco) und Prostituierte.

Aus Schillers „Wallensteins Lager" lieh sich Verdi die Szene, in der ein Mönch den Soldaten eine Bußpredigt hält und dafür Prügel einsteckt – seit in seiner Kindheit ein Priester Verdi getreten hatte, konnte er diese Spezies nicht leiden.

Preziosilla stimmt – nur von Trommel begleitet – mit den Soldaten ein aufreizendes und zugleich makabres Kriegslied *(„Rataplan")* an – sicher dachte Verdi dabei an spätere Aufführungen in Italien, wo die politische Situation kochte.

Die von der Macht des Schicksals getriebenen Hauptpersonen bewegen sich vor dem Panorama der Volksszenen. Diese Oper ist aufwendig – aber der Aufwand lohnt!

UA Petersburg 1862

# DON CARLO

Als Gustav Gründgens am Schauspielhaus Hamburg *Don Carlos* von Friedrich Schiller inszenierte, spielte er selbst den König Philipp. Bei den Proben zu seinem nächtlichen Monolog saß er schweigend am Tisch, die Kerzen waren niedergebrannt, und er lauschte – lauschte dem langen, melancholischen Vorspiel zur Arie des Filippo aus Verdis *Don Carlo*, das von einer Schallplatte kam. In den Aufführungen hatte er die Musik verinnerlicht – erst nach zwei Minuten begann er zu sprechen ...

Anhand von *Don Carlo(s)* kann man Übereinstimmung und Unterschied zwischen Oper und Schauspiel gut erkennen: Schauspiel denkt, Oper fühlt. Oper kann Stimmungen suggerieren, kann Augenblicke dehnen, um den Figuren ins Herz zu schauen, kann Ungesagtes hörbar machen. Schauspiel glänzt mit geschliffenen Dialogen, bei denen Musik eher stört. Massenszenen wie das Autodafé (Ketzerverbrennung) sind Domäne der Oper.

Der erste Teil der Oper – Klosterhof, Garten der Königin und Platz vor der Kirche – ist in der Gesamtwirkung dem Schauspiel unterlegen. Der zweite Teil – Kabinett des Königs, Gefängnis und wieder Klosterhof, in dem alle großen Arien von Philipp, Eboli, Posa und Elisabeth, deren erschütterndes Quartett und das schon jenseitige Abschiedsduett von Don Carlos und Elisabeth erklingen – lässt das Schauspiel hinter sich.

Bei der grandiosen Dialogszene zwischen Philipp und dem Großinquisitor – Philipp will sich der Zustimmung der Kirche zur Hinrichtung seines Sohnes Don Carlos versichern, der Großinquisitor fordert dafür den Kopf des „Ketzers" Marquis Posa – sind

Schauspiel und Oper einander ebenbürtig. Es war Verdi eine Genugtuung, in Paris den scheußlichen Vertreter der unmenschlichen religiösen Dialektik auf die Bühne bringen zu dürfen – er lässt ihn zu einer abgrundbösen Musik regelrecht hereinschlurfen.

Verdi wollte seine Oper nicht auf die Dreiecksbeziehung Philipp/Carlos/Elisabeth reduziert wissen. Er liebte die Figur des Posa und identifizierte sich mit dessen – und damit Schillers Weltsicht. Dadurch wurde die Oper sehr lang, und er musste unmittelbar vor der Premiere kürzen, „damit das Publikum noch die letzten Bahnen in die Vororte erreichte" (Barbara Meier).

Ob man das Vorspiel in Fontainebleau weglässt, muss bei jeder Inszenierung neu entschieden werden. Die Musik dieser ersten, unbefangen-glücklichen Begegnung zwischen Don Carlos und Prinzessin Elisabeth ist sehr schön, und sie klingt später immer wieder an. Verdis *Don Carlo* beginnt mit Hörnerschall – klingt es lustig, sind wir (noch) in Frankreich, klingt es ernst, sind wir (schon) in Spanien.

UA Paris 1867

# AIDA

Wenn die ersten Takte der Aida-Melodie in gedämpften Violinen erklingen, sehen wir ein Gesicht vor uns: zwei lang gezogene Augenbrauen – die eine stolz, die andere sanft, die Gegenbewegung wirkt wie ein gradliniger, tief atmender Nasenrücken, die Kadenz wie geschwungene Lippen – sinnlich und schmerzvoll bebend.

Legenden ranken um diese Oper – wahr ist: *Aida* war zur Eröffnung des Suezkanals 1869 im gleichzeitig erbauten Opernhaus Kairo gedacht. Doch Verdi ließ sich nicht drängen – und man spielte *Rigoletto*. Erst 1870 kam es zum Vertrag. Er enthielt die bisher höchste Summe für einen Kompositionsauftrag: 150.000 Francs. Die Uraufführung verzögerte sich, da im deutsch-französischen Krieg 1870/71 die Dekorationen im belagerten Paris eingeschlossen waren – „maledetti Goti!" kommentierte Verdi, „verdammte Goten!"

Der Dramatiker Antonio Ghislanzoni schrieb das Libretto sozusagen unter den Augen Verdis und nach dessen detaillierten Wünschen für *parole sceniche* (Bühnensprache). Verdi reiste nach Ägypten und ließ sich von der Sonne und den Pyramiden zu glühender Melodik und exotischer Harmonik inspirieren. Auf Darstellungen in den Königsgräbern sah er langhalsige Blasinstrumente, die er in Mailand nachbauen ließ: die Aida-Trompeten.

Zwei Frauen – die Pharaonentochter Amneris, und die in Ägypten gefangen gehaltene äthiopische Königstochter Aida kämpfen um die Liebe des Feldherrn Radames. Dieser kehrt als Sieger vom Kampf gegen die Äthiopier heim, aber sein Herz schlägt für

Aida. Dem inneren Verrat folgt der äußere, er wird verurteilt und lebendig eingemauert. Aida stirbt mit ihm – sie hatte sich in der Grabkammer verborgen. Über dem geschlossenen Stein trauert Amneris und in der Ferne rufen die Priester – mit dieser Simultanszene endet die Oper: „O Erde, lebe wohl, du Tal der Tränen."

Ergreifende Arien, dramatische Ensembles, mystische Tempelgesänge, grandiose Massenszenen mit Triumphmarsch und Ballett, reiches Orchesterkolorit mit ausdrucksvollen Soli vom Kontrabass bis zur Flöte – *Aida* ist Musikdrama und große Oper in einzigartiger Steigerung.

Verdi war bei der Premiere nicht anwesend. Aber er dirigierte *Aida* überall in Italien vor ausverkauften Häusern, um die von Krisen geschüttelten Theater zu unterstützen. Er selbst geriet nach dem *Aida*-Triumph in eine Krise – stand er nicht auch zwischen zwei Frauen? Wurde er nicht von der Presse als von Wagner beeinflusst des Verrates beschuldigt? Lebte er nicht in Sant'Agatha wie eingemauert? Einen begonnenen *Lear* gab er auf. Bis zu *Otello* sollten fünfzehn Jahre vergehen. Mit dem *Requiem* versuchte er, seine innere Krise zu bewältigen.

UA Kairo 1871

# OTELLO

Seit Jahren versuchten der Verleger Giulio Ricordi und Arrigo Boito, Komponist und Schriftsteller, über Giuseppina Verdi eine günstige Gelegenheit zu finden, um Verdi das „Schokoladenprojekt" – dies war die geheime Chiffre für *Otello* – anzutragen. Nach einer von Verdi geleiteten Aufführung seines *Requiems* zugunsten der Opfer einer Überschwemmung des Po (1879) brachte Ricordi das Gespräch auf Shakespeare und Boito – Verdi erbat sich dessen Libretto, kaufte es und schloss es weg. Seitdem schickte Ricordi ihm zu jedem Weihnachtsfest einen Panettone-Kuchen, den ein kleiner Schokoladenmohr zierte, aber Verdi zögerte: „Zuviel Zeit ist vergangen. Zuviel der Jahre meines Alters. Und zuviel meiner JAHRE IM DIENST!!!" Dennoch war er, wie Giuseppina Ricordi anvertraute, schon ins Netz geraten. Den Ausschlag gab ein Brief Boitos mit dem neu gestalteten Credo des Jago. Dieses fanatische Glaubensbekenntnis eines Nihilisten – im Mittelpunkt der Oper – faszinierte Verdi: „Da Sie es nicht wünschen, bedanke ich mich nicht, sondern sage Bravo! Das Credo ist wunderbar, kraftvoll und richtig shakespearisch!"

*Otello* ist phänomenal! Aber das eigentliche Phänomen ist, dass ein über 70-jähriger Komponist nach einem Lebenswerk von über 25 Opern noch einen neuen Stil entwickelt: In dieser Oper gibt es keine abgeschlossenen Formen mehr, sie ist eine durchgehende, freie, gewaltige Fantasie.

- Die Sturmszene zu Beginn malt das Antlitz Otellos: dunkel und wild.
- Das Trinklied Jagos – mit dem er seine Intrige gegen Otello beginnt – steigert sich von der Versuchung bis zum Exzess.

- Ein intimes Cellosolo eröffnet das Liebesduett eines Ehepaares – Desdemona verströmt Vertrauen, Otello hat nur Angst, sie zu verlieren.

- Die Musik des Credo ist abgrundböse – Verdi denunziert das Böse nicht (wie Wagner es mittels seiner Leitmotive tut), er steht dazu. Jagos Frage: *Was aber folgt nach allem Spott? Der Tod. Und dann?* wird mit dem schmerzhaften Aufschrei beantwortet: *Das Nichts – der Himmel ist Betrug!*

- Ein Taschentuch führt zum Erwachen der Eifersucht Otellos, diese steigert sich – als riesige Analogie zum Trinklied – vom leisen Verdacht über Ironie und Zynismus bis zu rasender Wut und öffentlicher Misshandlung.

- Desdemonas „Lied von der Weide" – während sie ihr Nachtkleid anlegt – spiegelt ihre Trauer über die Ausweglosigkeit des hereinbrechenden Wahnsinns.

- Die Mordszene – mit dem berühmten und gefürchteten Solo der Kontrabässe – wirkt nach Desdemonas jenseitig hellem Ave Maria doppelt finster.

Ein einziges, einzigartiges musikalisches Thema hält die ganze Oper wie eine Klammer zusammen: der Kuss. Otello küsst Desdemona zu Anfang, wenn er in ihre Arme sinkt, und er küsst sie am Ende, wenn er über ihrer Leiche stirbt. Dieses Thema ist unvergesslich schön und tut sehr weh.

UA 1887 Mailand

# FALSTAFF

Schon 1880, sieben Jahre vor der *Otello*-Premiere, hatte Giuseppina Verdi ihrem Mann geschrieben: „In Deiner Kunst kannst Du – abgesehen von einer opera comique – nicht höher steigen." Nach *Otello* kümmerte sich Verdi erst einmal um das Krankenhaus für seine Bauern und die Casa di riposo – das Altersheim für Musiker, das er als „mein schönstes Werk" ansah. Aber Arrigo Boito, Librettist des *Otello*, ließ nicht locker. 1890 köderte er ihn mit dem Entwurf zu *Falstaff*. Verdi reagierte unsicher: „Haben Sie an die enorme Zahl meiner Jahre gedacht?" Boito stärkte ihn: „Ich glaube nicht, dass das Schreiben einer komischen Oper Sie anstrengen würde. Die Tragödie macht den leiden, der sie schreibt. Aber Humor und Lachen der Komödie erfrischen Körper und Seele – es gibt nur eine Möglichkeit, noch besser zu enden als mit Otello, und das ist mit Falstaff." Verdi antwortete: „Lieber Boito, Amen, es sei! Machen wir den Falstaff!"

Boito befasste sich mit dem Libretto. Kurz darauf schrieb ihm Verdi: „Ich hoffe, Sie arbeiten? Das merkwürdige ist, dass auch ich arbeite! ... ich unterhalte mich damit, eine Fuge zu schreiben, eine komische, die gut in den Falstaff passen könnte ..."

Die Schlussfuge stand also am Anfang – auf sie läuft die ganze Oper hinaus. Der freie, fantasierende dramatische *Otello*-Stil wird nun auf den komischen Shakespeare-Stoff angewandt: „Wort hascht nach Wort, die Musik sprudelt und poltert, aus flatternden Floskeln wird ein vibrierendes Ganzes gewoben" (Hans Swarowsky).

In Otto Nicolais Oper *Die lustigen Weiber von Windsor* (1849) ist der heruntergekommene Ritter John Falstaff eine lächerliche

Figur, in Boitos/Verdis *Falstaff* ist er ein Souverän – er behält meistens recht – und immer das letzte Wort.

Besonders komisch: sein Vortrag über die Fragwürdigkeit des Begriffs „Ehre", sein Lamento über die Schlechtigkeit der Welt, nachdem man ihn in einem Korb mit schmutziger Wäsche in den Graben gekippt hat, sein musikalischer Vergleich der Wirkung des Weins mit einem anschwellenden Triller ...

Bei *Falstaff* sitzt das Orchester auf der vorderen Stuhlkante – die Musiker sollten den Alten in guter Erinnerung behalten! Keine seiner Partituren ist so mit Fingersätzen gespickt. Selbst bei der armseligen Bratschenpassage, als in Falstaffs Börse (vergeblich) nach Geld gesucht wird, steht über jeder Note eine Hilfestellung.

Fenton und Nannetta huschen durch die Szenen wie Eichhörnchen – Boitos entzückende Verse dürften den greisen Verdi in die Tage seiner Jugend zurückversetzt haben; die Musik für das junge Liebespaar ist von bezaubernder Anmut ...

*Falstaff* ist eine Ensembleoper – schon das Studium der Partien geschieht am besten zusammen. Die Arbeit an dieser Oper macht Spaß, das Vergnügen an der Sprache und der Musik überträgt sich von den Ausführenden auf das Publikum. Angesichts des ernsten Weltgeschehens tun wir uns schwer, die Worte der Schlussfuge (*Alles ist Spaß auf Erden/Wir sind alle nur Narren, geborene Narren*) zu glauben, aber für die kostbare, kurze Zeit der Aufführung dürfen wir sie gelten lassen. Nach über 25 tragischen Opern Verdis lacht seine letzte – und wer zuletzt lacht ...

UA Mailand 1893

# DER FLIEGENDE HOLLÄNDER

Am Anfang zwei Visionen: heulender Sturm im Skagerrak. Aus der Ferne Schiffsmasten und blutrote Segel, sich rasend nähernd, ungeheure Wogen vor sich herschiebend – auf hohem Bord ein bleicher Kapitän – Pfiffe und Kommandos wie Peitschenhiebe, in der Ferne verschwindend. Spinnstube in einer norwegischen Hafenstadt. Eines der dort arbeitenden Mädchen starrt ein altes Bild an – es zeigt einen bleichen Kapitän auf hohem Bord eines Segelschiffs. So beginnt die Ouvertüre.

Magie ist im Spiel: Der bevorstehende Landgang des „fliegenden Holländers" hat das kleine Schiff des Kaufmanns Daland in die Bucht Sandwike geweht; alle Seeleute – auch der wachhabende Steuermann – sinken in magischen Schlaf. Mit hässlichem Krachen – aber unbemerkt – geht das Holländerschiff vor Anker, und der bleiche Kapitän tritt an Land. Sein Fluch zwingt ihn, alle sieben Jahre auf Brautschau zu gehen, bis er ein Weib findet, das bereit ist, ihn durch ihre Treue zu erlösen, für ihn und mit ihm zu sterben.

Magische Momente:
- das Lied des Steuermanns, der wie telepathisch gelenkt einschläft,
- der Auftritt des verfluchten Holländers – leidenschaftliche Arie eines Übermüden,
- Eriks Traum (er galt bisher als Sentas Bräutigam) von der Ankunft zweier Schiffe,
- Sentas Ballade – Keimzelle der Oper; als Senta der letzten Zeile nachsinnt, steht ihr Vater Daland mit einem Fremden in der Tür,

- das traumversunkene Duett zwischen dem Holländer und Senta – Mittelpunkt der Oper,
- die Chorszene im Hafen: die ausgelassenen norwegischen Matrosen verhöhnen die „Kollegen" des totenstill daliegenden fremden Schiffes, bis diese gespenstisch und wild zu singen und zu tanzen beginnen.

Als Wagner 1839 von Riga nach Paris vor seinen Gläubigern floh, erlebte er auf dreiwöchiger Seereise Stürme, die sich in seiner ersten romantischen Oper niederschlugen. Er hörte auch Arbeitslieder der Matrosen, deren Plattdeutsch er zwar nicht verstand („Schonersail, riet em dahl"), deren Melodie aber sich ihm einprägte und im Seemannschor *Steuermann, laß die Wacht* wiederkehrt.

Überhaupt die Chöre! Seemannschöre, Spinnerinnenchor, Geisterchor – eine Freude zu singen, eine Freude zu hören! Und die ganze Oper ist kurz: Man kann sie als Ballade ohne Pause spielen, wenn ein genialer Bühnenbildner schnelle Verwandlungen ermöglicht ...

Eine herrliche, nasskalte, aber herzwarme Musik!

UA Dresden 1843

# Richard Wagner

# TANNHÄUSER

## *und der Sängerkrieg auf Wartburg*

Andante maestoso: Aus der Ferne naht ein Pilgerzug. Wagner instrumentiert den Choral bewusst asketisch – in der Klarinette allein oder im Horn allein klänge die Melodie sinnlich, von beiden zusammen klingt sie gequält. Wenn die Büßenden vorüberziehen, peitscht eine heftige Streicherfigur wie eine „Sündengeißel" auf den Choral ein.

Allegro: Aus der Tiefe steigen Dämpfe und Dämonen. Der satanische verminderte Septakkord fegt durch die Oktaven, aus der Höhe fallen Nebel und Gespenster: Chromatisch sinkende Harmonien, schwirrende Tremoli und Triller, es bilden sich zuckende Rhythmen wie tanzende Satyrn und Nymphen, beschleunigende Melodiefetzen werden zu orgiastischem Lustgestöhn ... so weit die fantastische Ouvertüre.

Die strenge Welt des (mittelalterlichen) Glaubens und die Welt der (männlich) schweifenden Sinne, die gesellschaftliche Norm des Minnesangs und die persönliche (auch die künstlerische) Freiheit – Tannhäuser gerät in viele Konflikte. Den tiefsten Konflikt löst der Landgraf aus, als er die Aufgabe für den Sängerkrieg stellt: *Könnt ihr der Liebe Wesen mir ergründen?*

Wolfram von Eschenbach besingt die reine Liebe, Tannhäuser preist die wahre Liebe – wahr ist: Die irdische Venus und die himmlische Elisabeth lieben Tannhäuser, um seinetwillen verzichten beide; Tannhäuser liebt nur sich selbst – um seinetwillen begehrt er beide. Der Papst verdammt ihn, Gott vergibt ihm.

Viele Konflikte bleiben angedeutet – „Ich bin der Welt noch einen Tannhäuser schuldig", bekannte Wagner später. Vielleicht meinte er die sehr anstrengende Hauptpartie oder den die Harfe(n) überfordernden, etwas faden Sängerkrieg – trotzdem gibt es viele überwältigende Momente:

- die sich öffnende blaue Grotte in der Venusbergszene – Ludwig II. ließ sie für sich nachbauen,
- das Lied des Hirten – auf seiner Schalmei die Pilger begleitend,
- die Arie der Elisabeth – voller Vorfreude auf das Wiedersehen mit Tannhäuser,
- der Einzug der Gäste in den Festsaal der Wartburg – Stolz aller Opernchöre (ursprünglich eine Huldigungsmusik für den sächsischen König – wie zu Zeiten Bachs),
- Elisabeths Gebet – nur von ruhigen Akkorden begleitet,
- ihr Abschied ... das erste und zugleich schönste Bassklarinettensolo mit dämmernder Überleitung zu
- Wolframs entsagungsvollem Lied an den Abendstern – dichterisch und musikalisch eine Perle, mit dunkelnder Überleitung der Violoncelli zu
- Tannhäusers Rom-Erzählung als nächtlich abgründigem Tiefpunkt der Oper.

Der Pilgerchor – orchestral in der Ouvertüre, vokal im dritten Akt – wölbt sich wie eine Kuppel über dieses vielschichtige, ungleichwertige, unfertige und vielleicht eben darum so faszinierende hochromantische Werk.

UA Dresden 1845

# LOHENGRIN

Zwei unvollkommene (weil unvollständige) A-Dur-Akkorde übereinander: Der untere mit warmer, weicher Terz, doch ohne Quint, der obere mit kühler, fester Quint, doch ohne Terz, zusammen das vollkommene Bild des Lichts: Innen leuchtend, außen schimmernd – so beginnt das Vorspiel. Aus höchsten Regionen *unnahbar euren Schritten* steigt es langsam herab in die Welt des Mittelalters, wie Wagner sie 1848 erträumte. Seine Instrumentationskunst ist vollendet, die Dichtung inspiriert, die Musik blühend – *Lohengrin* ist Wagners populärste Oper.

Er selbst stieg nach Beendigung des Werkes aus höchsten Regionen der Kunst herab in die Welt der Politik und verwickelte sich in die Dresdner Aufstände. Als Franz Liszt – ihm ist die Partitur gewidmet – die Oper 1850 in Weimar uraufführte, befand sich Wagner im Züricher Exil, denn er wurde in deutschen Landen steckbrieflich gesucht.

Das Vorspiel ist keine Ouvertüre, sondern eine Vision der Gralswelt. Ein hymnisch-weihnachtlicher Ton ist unüberhörbar, wie auch der Gralsritter Lohengrin eine Heilandsfigur darstellt: Er wirkt Wunder, bringt Gerechtigkeit – und wird verraten.

*Nie sollst du mich befragen!* schärft Lohengrin seiner Braut Elsa ein. Zwar war er ihr schon früher im Traum erschienen, aber leibhaftig kennt sie ihren Retter aus falscher Anklage erst seit einer Stunde. Dass sie Namen und Herkunft ihres Bräutigams nicht wissen darf, ist eine Zumutung, die den Keim des Scheiterns der Ehe schon in sich trägt ...

Höhepunkte dieser reichen und bereits bedenklich langen Oper:

- Elsas Auftritt – können träumende Edeldamen schuldig sein?,
- Lohengrins Ankunft – hoffentlich erscheint das Schwanenboot von vorn, damit die Choristen den Dirigenten sehen können,
- der Gotteskampf – mit dem Gebet des Königs (einziger Dreivierteltakt der gradlinigen Partitur),
- der Zusammenbruch des unterlegenen Telramund – seine dämonische Gattin Ortrud hilft ihm auf,
- der feierliche Zug zum Münster – bitte ganz langsam schreiten!,
- der Streit vor dem Münster – mit dem düsteren Ensemble: *Welch ein Geheimnis muss der Held bewahren?* – grausige Momentaufnahme menschlicher Abgründe,
- das Vorspiel zum Hochzeitsbild – beschwingt eilt der Dirigent ans Pult, die Posaunen lauern,
- der harfenbegleitete Brautchor und die Liebesszene – anfangs fast erotisch, aber die verbotene Frage wird immer dringlicher,
- der Reitermarsch – mit seinen unregelmäßigen Triolenketten Albtraum aller Streicher,
- Lohengrins Gralserzählung – wunderbar deklamiert,
- Ortruds böser Triumph, als das Schwanenboot leer wiederkehrt.

Die Solopartien sind groß und dankbar, aber die vielfach aufgefächerte Chorpartie (Brabanter und Sachsen, Edle und Volk) ist riesig – und vor allem müssen die Choristen lange, lange stehen. Wenn sie dem entschwindenden Lohengrin ein *Weh!* nachrufen, könnten auch ihre schmerzenden Füße gemeint sein.

UA Weimar 1850

# DER RING DES NIBELUNGEN

## *Vorabend: DAS RHEINGOLD*

Im Anfang war – ein auf- und abwogender Es-Dur-Akkord, denn die erste Szene spielt auf dem Grund des Rheins. Drei Rheintöchter – im Idealfall nackte Nixen – bewachen einen blinkenden Schatz: das Rheingold. Alberich, ein zwergenhafter Nibelung, beäugt die Szene. Hin und her gerissen zwischen Sexualtrieb und Goldgier entscheidet er sich für das Gold (Loriot). Dann werden Wogen zu Wolken, denn die zweite Szene spielt am Rheinufer unterhalb der soeben von Riesen erbauten Götterburg Walhall.

Wagners Ideen sind fantastisch – sie nehmen sogar schon Überblendtechniken des Films vorweg. Aber wie soll man sie realisieren? Ob die Rheintöchter auf katapultähnlichen Wagen hochgehoben werden, ob sie an Seilen vom Schnürboden herabgelassen werden, oder ob sie in einem Gummibecken planschen und dabei singen (ohne zu gurgeln, bitte!) – von Anfang an barg im *Ring* die Realisierung des Erhabenen die Gefahr des Lächerlichen.

Mit dieser Fortsetzungsoper in vier Abenden eröffneten 1876 die ersten Bayreuther Festspiele. Es gab viele Pannen – so waren Teile des in London gefertigten Lindwurms, da niemand dort das Provinznest Bayreuth kannte, versehentlich nach Beirut verschifft worden.

Die farbenprächtige Partitur fordert zusätzlich zur romantischen Großbesetzung 4 spezielle „Wagner-Tuben" (von Hornisten zu spielen, im Klang düster und unheimlich), 6 Harfen (für die Rheinszenen) und 18 Ambosse (für die unterirdische Zwangsarbeitsszene in Nibelheim).

Kompositorisch entwickelte Wagner für den *Ring* eine spezielle Technik: das Leitmotiv. Für Personen (wie Gott Wotan), für Orte (wie der Rhein), für Dinge (wie der Ring, den Alberich aus dem von den Rheintöchtern schlecht bewachten Rheingold schmiedet), aber auch für Emotionen (wie sein Fluch, als Gott Wotan ihm den Ring entreißt), für alles gibt es Motive. Wer gut aufpasst, kann verfolgen, wie sie sich verhalten: Sie entwickeln sich, werden deformiert, erweisen sich als korrosionsbeständig oder korrumpierbar – die Biografien der Leitmotive sind spannend!

*Das Rheingold* ist der märchenähnliche Vorabend der Tetralogie: Hier geht es um Nixen, Zwerge und Riesen, Götter, Burgen und Höhlen, Ring und Speer, Lindwurm und Kröte, aber auch schon um Macht, Gier und Neid, Lug und Trug, Gewalt und Mord. Als Wotan den geraubten, verfluchten Ring des Nibelungen nicht hergeben will, warnt ihn die aus der Untermaschinerie auftauchende Urwala Erda vor dem Ende: der Götterdämmerung (der Feuergott Loge ahnt schon, dass er später Walhall anzünden wird). Widerstrebend bezahlt Wotan die Riesen mit dem Ring, welche sich sofort um ihn streiten, bis Fafner Fasolt erschlägt – der Fluch des Ringes bewährt sich. Nach einem reinigenden Gewitter des Donnergottes Froh schreiten die Götter über einen Regenbogen in ihre neue Burg (auch ein Realisierungsproblem ersten Ranges!). Dieser Regenbogen ist, wie sich an den folgenden Abenden erweisen wird, kein Friedenssymbol.

Zweieinhalb Stunden Spieldauer ohne Pause bedeuten für Publikum, Orchester und Dirigent einen ziemlichen Stresstest. Immerhin kann der Dirigent in Bayreuth, wo man ihn nicht sieht, sich auf dem Pult neben der Partitur einen Traubenzucker bereitlegen.

UA Bayreuth 1876

RICHARD WAGNER

# DER RING DES NIBELUNGEN

## *Erster Tag: DIE WALKÜRE*

Heftiges Unwetter. Ein urzeitliches, um eine starke Esche gezimmertes Haus. Ein junger Held, waffenlos, flüchtet herein und bricht am Herd zusammen. Die junge Frau des Hauses, allein (ihr Gatte Hunding kämpft draußen) pflegt ihn. Kaum Worte, aber die Motive im Orchester sprechen: Das „Annäherungsmotiv", das „Zuneigungsmotiv" und das innige „Liebesmotiv" (Violoncello) lassen uns ahnen, was vorgeht.

Im ersten Akt gelang Wagner ein hinreißend sinnliches Liebesduett: Hunding, heimgekehrt, schläft. Der Flüchtling und die junge Frau erkennen sich als seit ihrer Kindheit getrennte Zwillinge: Siegmund und Sieglinde. Von der Glut ihrer Gefühle springt die Haustür auf, und die Frühlingsnacht lacht herein: *Winterstürme wichen dem Wonnemond.* Sieglinde zeigt Siegmund das tief in der Esche steckende Schwert, er ruft es an als *Nothung*, zieht es heraus und legt es ihr als Brautgabe zu Füßen. Dann fällt gerade noch rechtzeitig der Vorhang.

Im zweiten Akt wird der Zusammenhang mit dem *Ring*-Zyklus klar. Göttinmutter Fricka faltet Gottvater Wotan zusammen, denn natürlich steckt er hinter allem: Er hat das Zwillingspaar mit einem Menschenweib gezeugt, und er hat das Schwert für Siegmund vorgesehen. Fricka fordert als Strafe für Ehebruch und Inzest den Tod Siegmunds im Kampf mit Hunding.

Wer im Publikum *Das Rheingold* versäumt hat, sollte jetzt gut aufpassen! Erda hatte Wotan die Götterdämmerung angekündigt. Betroffen und fasziniert besuchte er sie in der Tiefe und zeugte mit ihr Brünnhilde, seine Lieblingswalküre. Diese schmettert mittlererweile ein prachtvolles *Hojotohoh* und reckt dabei Speer und Schild. Ihr erklärt er raunend, warum sie Siegmund nicht schützen darf. Leise legen die Violinisten im Orchestergraben die Instrumente weg und sinken auf den Stühlen zusammen – sie haben 10 Minuten Pause, schon viel geleistet und noch viel vor sich!

Die „Todesverkündigung" Brünnhildes an Siegmund, der auf der Flucht mit Sieglinde rastet, ist in Dichtung, Gesangsduktus, Komposition und Instrumentation vollendet. Bewegt von Siegmunds Todesbereitschaft will die Walküre ihm doch zum Sieg verhelfen, da zertrümmert Wotans Speer das Schwert Nothung, und Hunding tötet den wehrlosen Siegmund.

Im dritten Akt reiten neun singende Walküren durch die Luft – wenn man die Augen schließt, sieht man es vor sich. Welch eine Partitur! In den Holzbläsern pfeift es, in den Streichern peitscht es, in den Blechbläsern prescht es … Wütend treibt Wotan die Walküren auseinander. Er will Brünnhilde bestrafen. Diese weist Sieglinde die Richtung des schützenden Waldes, gibt ihr die Stücke des Schwertes mit, denn sie werde einen Helden gebären … dann erwartet sie ihr Urteil. Wotan will sie in magischen Schlaf versenken, aus dem sie irgendwann ein Mann wecken soll. Brünnhilde weiß auch schon, wer: Siegfried, den Sieglinde im Schoß trägt. Wotan küsst sie zum Abschied, dann sinkt sie mit dem chromatischen „Schlafmotiv" zu Boden. Auf Wotans Weisung legt Feuergott Loge einen schützenden Feuerzauber um den Walkürenfelsen, den nur durchschreiten kann, wer Wotans Speerspitze nicht fürchtet. Die Figuren und Passagen des Feuerzaubers entflammen auch die Finger der Harfenisten und Streicher! In die Schlusstakte mischt sich das Motiv der Todesverkündigung – wem gilt es?

UA Bayreuth 1876

RICHARD WAGNER

# DER RING DES NIBELUNGEN

## Zweiter Tag: SIEGFRIED

Leises Paukengrollen, ein „sinnendes" Fagottmotiv, absteigend
bis zu „der Erde Nabelnest" – hier haust der Zwerg Mime. Er wer-
kelt an einem Schwert für seinen Ziehsohn Siegfried: *Zwang-
volle Plage! Müh ohne Zweck!* Der Charaktertenor muss dazu
rhythmisch hämmern – eine virtuose Partie! Siegfried erzwingt
von Mime Auskunft über seine Eltern. Der gesteht, was er weiß,
und zeigt ihm als Beweis die Trümmer des Schwertes Nothung.
Da er sie nicht fügen kann, schmiedet Siegfried selbst. Auch der
Heldentenor muss zu seinen Schmiedeliedern den Blasebalg be-
dienen und hämmern!

Das neue Schwert an der Seite, erscheint Siegfried mit Mime vor
„Neidhöhle", wo Fafner als Riesenwurm den Nibelungenhort hü-
tet. Er weckt ihn mit seinem Horn und tötet ihn. Der schmet-
ternde „Siegfried-Ruf" ist der große Augenblick des Solohornis-
ten, Fafners Tod ist die Stunde des Kontrabasstubisten, der mit
urweltlichem Grollen Schwerarbeit leistet! Beim Reinigen seines Schwertes kommt Siegfried mit Fafners Blut in Berührung
und kann plötzlich die Sprache der Vögel verstehen. Doch bevor
der Waldvogel (entzückend frei zwitschernd – erst im Orchester, dann als Sopran) ihm den Weg zum Walkürenfelsen zeigen
konnte, nahm Wagner „mit herzlichen Tränen" für zehn Jahre
von *Siegfried* Abschied, um – *Tristan und Isolde* und *Die Meistersinger von Nürnberg* zu schreiben!

Das *Ring*-Projekt war in eine Krise geraten. Die Leitmotive nutz-
ten sich ab, und vielleicht gingen die Stabreime allmählich Wagner selbst auf die Nerven: *Seh ich dich stehn, gangeln und gehn,*

*knicken und nicken, mit den Augen zwicken ...* und so fort. Vor allem aber traten Cosima von Bülow geb. Liszt und Ludwig II. König von Bayern in sein Leben und erlösten ihn – von Kinderlosigkeit und finanziellen Sorgen.

Nach diesen „Intermezzi" kehrte Wagner erfrischt zu *Siegfried* zurück. Doch sein Stil hatte sich gewandelt. Für das Orchester brachen schwere Zeiten an: Der ohnehin anspruchsvolle *Ring*-Stil wurde jetzt „tristanesk" geschärft und „meistersingerlich" befrachtet.

Der Waldvogel rät Siegfried, aus dem Nibelungenhort den Ring und den Tarnhelm an sich zu nehmen, außerdem warnt er ihn vor Mime. Siegfried folgt dem Rat. Als Mime ihn mit einem Trank vergiften will, streckt Siegfried ihn nieder.

Wotan versucht, seinem Enkel den Zutritt zum Walkürenfelsen zu verwehren, doch dieser zerschlägt dessen Speer mit seinem Schwert – so wollte Wotan es wohl auch. Dann stürzt sich Siegfried, sein Horn reckend, in das Feuer. Ein fantastisches Zwischenspiel: die brünstige Glut scheint den Eindringling wollüstig zu empfangen, dann führt ein langes, ruhiges Violinenthema hinauf in *„selige Öde auf sonniger Höh"*. Wotan hatte Brünnhilde in den Schlaf geküsst, Siegfried küsst sie wach ...

Wer *Rheingold* und *Walküre* versäumte, erhält in den Befragungsszenen des Wanderers (alias Wotan) mit Mime, Alberich und Erda Gelegenheit, Wissenslücken zu füllen. Das zieht sich hin – wie wird das erst in der *Götterdämmerung* werden?

UA Bayreuth 1876

# DER RING DES NIBELUNGEN

## *Dritter Tag: GÖTTERDÄMMERUNG*

In nächtlichem es-Moll spinnen die Nornen das Schicksalsseil. Ratlos, wie es weitergeht, zerren sie daran – es reißt. Bei Sonnenaufgang trennen sich Brünnhilde und Siegfried – den Helden drängt es *zu neuen Taten*. Als Zeichen seiner Treue schenkt er ihr seinen Ring. Auf seiner Rheinfahrt gelangt er zu den Gibichungen Gunther und dessen Schwester Gutrune. Hagen (ein Nibelung) macht Siegfried mit einem Vergessenstrunk gefügig, in Gunthers Gestalt (mittels Tarnhelm) Brünnhilde zu freien, dafür winkt ihm die Hand Gutrunes. Als Brünnhilde sich wehrt, entreißt ihr Gunther alias Siegfried den Ring. Auf der Doppelhochzeit erkennt Brünnhilde den Ring an Siegfrieds Hand. Sie verklagt ihn, ihr Mann zu sein. Hagen zwingt beide unter einen tödlichen Eid. Dann gibt er Siegfried bei einem Jagdausflug einen Erinnerungstrunk und fordert ihn auf, aus seinem Leben zu erzählen. Schwärmerisch schildert dieser, wie er das Feuer durchschritt und Brünnhilde weckte. Da stößt Hagen Siegfried seinen Speer in den Rücken. Der Trauerzug erreicht den Rhein. Brünnhilde, durch Siegfrieds Tod „wissend", lässt einen Scheiterhaufen entzünden und weist Feuergott Loge den Weg nach Walhall, wo die Götter auf ihr Ende warten. Sie nimmt den verfluchten Ring an sich und sprengt auf ihrem Ross ins Feuer. Der Rhein tritt über das Ufer, und das Rheingold ist wieder, wo es zu Anfang war.

Wer *Rheingold*, *Walküre* und *Siegfried* versäumte, erhält in der Nornenszene, der Gibichungenszene, der Waltrautenszene (als ehemalige Walkürenkollegin sucht sie Brünnhilde auf, um ihr von Wotans Trauer um sie zu berichten und sie vor dem Ring zu warnen), in Hagens Traumszene (sein Vater Alberich erscheint ihm und mahnt ihn, den Ring zu erbeuten), in der (zweiten) Rheintöchterszene zu Beginn des dritten Aktes (sie versuchen, Siegfried den Ring abzuschmeicheln), und in Siegfrieds Lebenserzählung reichlich Gelegenheit, das Versäumte nachzuholen. Das bedeutet: fünf Stunden Spieldauer.

Wagners genialer, unermüdlicher Fantasie gelingt es, immer neue Leitmotive zu erfinden und den schon überreifen alten Leitmotiven (insgesamt etwa 100!) weiter Saft abzupressen. Einen Höhepunkt erreicht Wagners Leitmotivtechnik, als Gunther und Hagen Siegfried freudig begrüßen und dazu im Orchester das „Fluchmotiv" seine Faust emporreckt.

Der Klang der *Götterdämmerung* ist faulig bis vergiftet. Die hässlichen Töne der gestopften Hörner, die finster knisternden tiefen Klarinetten, eine abgründige Harmonik für Intrige, Hass, Neid, Meineid und Mord geben dem Werk hypnotische, fast unerträgliche Intensität. Lichtpunkte sind die beiden poetischen Sonnenaufgänge, Siegfrieds erfrischende Rheinfahrt, die pastorale, beinah schon impressionistische Rheintöchterszene und die Hochzeitsszene mit dem von Hagens Stierhorn herbeigerufenen lachenden Männerchor.

*Der Ring des Nibelungen* ist ein 16-stündiges Monstrum mit unendlich vielen hinreißenden Momenten. Es geht nicht um Weltuntergang, nur die Götter und die Nibelungen, die Antagonisten kultureller Frühzeit gehen unter, danach ist freies Menschentum denkbar. Die letzte, versöhnliche Phrase des Orchesternachspiels drückt mit dem „Hoffnungsmotiv" aus, dass es zu wünschen ist.

UA Bayreuth 1876

# TRISTAN UND ISOLDE

Tristan bringt Isolde seinem Oheim König Marke als Braut. Nach
einer Aussprache auf der Überfahrt von Irland nach Cornwall
wollen beide gemeinsam sterben, doch Brangäne, Isoldes Vertraute, vertauscht Todes- und Liebestrank ... Tristan und Isolde
treffen sich, als Marke auf der Jagd ist. Von Melot, einem Höf-
ling, gewarnt, überrascht er beide. Tristan stürzt sich in Melots
Schwert ... Tristan erwartet Isolde, um sterben zu können. Kur-
wenal, sein Vertrauter, pflegt ihn auf Kareol, der Burg seiner Vä-
ter. Als ein Schiff Isolde bringt, haucht er noch ihren Namen.
Marke, in Kenntnis des Tranks, will beide zusammengeben, doch
Isolde stirbt an Tristans Seite.

Diese dürre „Handlung" wird durch eine lange, blutige Vorge-
schichte, durch eine psychisch gereizte, mit Elementen der le-
bensfeindlichen, todessüchtigen Philosophie Schopenhauers
angereicherte Dichtung und vor allem durch eine klangtrunke-
ne, rauschhafte, alle Grenzen übertretende Musik zu einem Seelendrama von unwiderstehlicher Ausstrahlung. „Kind, dieser
Tristan wird fürchterlich!", schrieb Wagner seiner „Muse" Mat-
hilde Wesendonk. Den Protagonisten, dem Orchester und dem
Publikum wird viereinhalb Stunden lang viel abverlangt!

Das Vorspiel beginnt langsam und schmachtend mit einer sehn-
süchtigen Geste (Violoncelli), die sich in einer schmerzhaften
Kadenz (Holzbläser) löst: der „Tristan-Akkord"... für sich genommen ist er ein weicher gis-Moll-Quintsextakkord, aber in diesem
Zusammenhang wirkt er wie eine harte Dissonanz. Viele Komponisten haben die *Tristan*-Musik weitergedacht. Lässt Wagner
Konsonanzen dissonant wirken, so lässt Alban Berg Dissonan-

zen konsonant wirken. Das Vorspiel steht in a-Moll, aber von seiner Tonalität ist nur der erste auftaktige Ton „a" geblieben – könnte man da den Bezug zu einer Tonart nicht aufgeben?

Unvergesslich:

- Tristans erzwungener Auftritt vor Isolde im ersten Aufzug – zwei Minuten beredtes Schweigen,
- das von beiden erwartete Sterben nach dem (vermeintlichen) Todestrank,
- die traumhaften Hörnerklänge der (vorgetäuschten) Jagd im zweiten Aufzug,
- Isoldes ungeduldiges Warten auf Tristan, nachdem sie die warnende Fackel gelöscht hat – darunter das Thema der Todessehnsucht,
- der sowohl drängende als auch zögernde Rhythmus im Duett *O sink hernieder, Nacht der Liebe*,
- die *Habet acht!*-Rufe von Brangäne an das ineinander versunkene Paar,
- die orgiastische Steigerung (lebensgefährlich für Dirigenten!) bis zu Markes Dazwischentreten,
- Markes erschütterter Monolog über Tristans Verrat – mit erschütterndem Bassklarinettensolo,
- die traurige Hirtenweise im dritten Aufzug – ein lang gezogenes, fantasierendes Englischhornsolo,
- Tristans schwermütige Gedanken dazu, dichterisch von großer Schönheit und Tiefe,

- sein lebensfeindlicher, leidenschaftlicher Fluch gegen sich selbst,
- seine Vision des Schiffes, das ihm Isolde bringt ... ein über den Wellen schwebender Bläsersatz,
- Isoldes Liebestod – in einem unendlichen, nachtblauen Klangweltinnenraum.

Wie ein seelisches Intermezzo schob Wagner zwei Musikdramen zwischen sein *Ring*-Projekt: Eine Hymne an die Nacht und eine Hymne an den Tag (*Die Meistersinger von Nürnberg*). Im Mittelpunkt von *Tristan und Isolde* steht der zweite Aufzug: Eine warme Sommernacht ...

UA München 1864

RICHARD WAGNER

# DIE MEISTERSINGER VON NÜRNBERG

Im Mittelpunkt steht eine warme Sommernacht: Johannisnacht! Ein duftender Fliederbusch (Holunder) führt eine handfeste Prügelei herbei. *Wer weiß, wie das geschah?* fragt Sachs in seinem Wahnmonolog (er müsste es wissen, denn er selbst hat an des Wahnes Faden gezogen).

Dieser *Schuster und Poet dazu* ist ein echter Volksheld, und die *Meistersinger* sind eine echte Komödie. Nun aber kam Johannistag! Für Wagner kam nach der Weltennacht des *Tristan* die Nürnberger Festwiese mit Handwerkerzügen und Volkstanz: *Mädel aus Fürth!* ruft David, Lehrbub von Sachs, begeistert (dessen Ohrfeige beförderte ihn am Morgen zum Gesellen).

Die *Meistersinger* haben eine klassische Ouvertüre, die in den (nicht ganz klassischen) Schlusschoral eines Gottesdienstes mündet: In den Zwischenspielen werfen sich Eva (Tochter des Goldwirkers Pogner) und Walther (ein adliger Zugezogener) vielsagende Blicke zu. Ihr Vater hat Eva dem besten Singer versprochen, daraufhin möchte Walther Meistersinger werden. David führt ihn (selbst noch unfertig) ein in *der Meister Tön und Weisen*. Prompt fällt Walther auf der Meisterversammlung durch. Nur der alte Sachs ist betroffen von seinem Liebeslied.

Abends, in seinem Fliedermonolog, sinnt er darüber. Kollege Beckmesser, Stadtschreiber, will am nächsten Tag um Eva singen und testet sein Werbelied unter ihrem Fenster. Sachs nagelt seine Kritik dazu mit dem Hammer auf Beckmessers Schuhe, die dieser in der Meisterversammlung angemahnt hatte – eine gelungene Retourkutsche!

217

Eva (eine junge Dame, die Sachs zu nehmen weiß) lässt ihre Amme Magdalene (eine späte Jungfer, die mit David angebändelt hat), statt ihrer am Fenster sitzen, sie selbst kuschelt mit Walther hinter einer Linde. Weglaufen können sie nicht, denn Sachs hat mit seiner Arbeitslaterne eine Lichtschranke gelegt. David glaubt, Beckmessers Ständchen gelte Magdalene, und prügelt ihn durch, was alle Nürnberger weckt, die ihrerseits gern alte Rechnungen begleichen. Als das Nachtwächterhorn ertönt, flüchten alle in die Kammern, als der Wächter auftritt, sind nur noch ein paar Holzbläser unterwegs.

Am Morgen erhält Walther eine persönliche Meisterlektion von Sachs, der ihm die Anwendung musikalischer Regeln auf die Ehe erklärt. Sachs schreibt die Weise auf, die Walther geträumt hat. Als der geschundene Beckmesser seine Schuhe abholen will, findet er den Text und nimmt ihn an sich. Sachs überlässt ihm das Blatt, damit es nicht nach Diebstahl aussieht. Mit einem intimen Quintett (beide Paare und Sachs) wird Walthers Lied getauft: *Die Morgentraumdeutweise.* Dann geht es zur Festwiese, wo Beckmesser durchfällt und Walther Eva gewinnt.

Pünktlich zur Gründung des Deutschen Reiches (1871) lässt Wagner seinen Sachs dabei sogar eine Volksbefragung durchführen (natürlich nicht ergebnisoffen). Als die Meister, ein Auge zudrückend, Walther in die Zunft aufnehmen wollen, lehnt dieser ab.

Da hält Sachs ihm und uns eine Standpauke: *Verachtet mir die Meister nicht!* Darin ist viel von *deutscher Kunst* die Rede, aber hat er nicht recht? In Deutschland werden heute Orchester aufgelöst, Theater stranguliert, es wird nicht mehr gesungen, Musikunterricht findet kaum noch statt – müssten wir nicht vor Sachs erröten?

Die *Meistersinger* sind dramaturgisch, sprachlich und musikalisch ein Meisterwerk. Bei den väterlich-liebevollen Szenen zwischen Sachs und Eva weint das Herz, bei den drastisch-komischen Szenen mit Beckmesser oder David lacht das Herz – und man merkt nicht, dass man viereinhalb Stunden gesessen hat.

UA München 1868

# RICHARD WAGNER

## PARSIFAL

Aus der Stille, unbegleitet – abgestimmt in changierender Klangmischung von tiefen Klarinetten, hohen Fagotten, tiefen Violinen und hohen Violoncelli – steigt das Abendmahl-Motiv wie eine segnende Geste langsam auf und nieder. Dann beginnt ein As-Dur-Akkord sanft zu leuchten und unbestimmbar zu pulsieren. Vor diesem Goldgrund erhebt sich das Motiv noch einmal – jetzt mit unsagbar leidendem, klagendem, schmerzverzerrtem Ausdruck, vorgetragen von der hohen Trompete, dann sinkt es wie ohnmächtig zurück in die Stille des Anfangs.

Feierliche Blechbläserklänge von der Gralsburg rufen zum Gebet. Abendmahl? Gebet? Wo sind wir? Nach der Zeit der Aufklärung wurde in der Romantik Kunst zum Religionsersatz, der Künstler wurde zum Priester (wie Wagners Schwiegervater Liszt), und Wagner baute als Musikpapst in Bayreuth den nationalen Kunsttempel. Mit *Parsifal* weihte er seine Festspielbühne. Nach seinem Willen durfte sein letztes Werk 30 Jahre lang nur hier erklingen, andächtig, ohne Applaus bitte.

*Parsifal* ist ein Passionsspiel. Wie ein Evangelist erzählt der alte Waldhüter Gurnemanz die verklausulierte Geschichte – eine der längsten Basspartien. Dass man dabei nicht einschläft, liegt an der überlegenen Diktion der Gesangslinie, dem differenzierten, diskreten Orchesterpart und dem farbigen, oft kauzigen Sprachstil, mit dem Wagner Gurnemanz charakterisiert. Das Theatralische religiöser Rituale macht Wagner seinen Zwecken dienstbar: Wenn der sündensieche Gralskönig Amfortas vor der Enthüllung des Grals singt *Die Stunde naht: ein Lichtstrahl senkt sich auf das heilige Werk*, so ist dies technisch eine Beleuchtungsanweisung.

Was wäre das Abendland ohne die Verteufelung des Sexuellen? Wie viel Leid, aber auch wie viele sublime Kunstwerke hat dieser Terror verursacht! Der nächtliche *Zaubergarten,* in welchen Klingsor die keuschen Gralsritter mittels seiner Blumenmädchen lockt – etwas Hieronymus Bosch, etwas Rotlichtmilieu – ist als anspruchsvolles 18-stimmiges Ensemble eine traumhaft schöne Hölle ...

Und erst deren Chefin Kundry! Sie führt ein schweres Doppelleben: In Klingsors Macht ist sie die verführerische Höllenrose (Wagner stellte sie sich vor wie Goyas Nackte Maya), auf dem Gralsgebiet büßt sie als hässliche Gralsbotin. Sie nähert sich Parsifal in Gestalt seiner Mutter (Siegmund Freud hätte seine Freude daran), muss ihn auf Befehl Klingsors verführen, will aber, dass es ihr nicht gelinge, damit Parsifal sie aus dem Banne Klingsors und von ihrem Fluch erlösen möge. Als aber Parsifal ihr tatsächlich widersteht, wird sie rasend und verwünscht ihn. Kundry ist Wagners faszinierendste Frauengestalt – nur eine perverse Fantasie konnte eine solche Figur ersinnen.

Der Antisemitismus des Werkes ist himmelschreiend: Klingsor, der beschnittene Weltverderber – *an sich legt er die Frevlerhand* – ist der Jude, den Parsifal, der reine (arische) Tor, mit dem Speer Christi in der Hand vernichtet.

Höhepunkt: Der Karfreitagszauber im dritten Akt – vorbereitet durch eine wunderbare Modulation, macht eine lang gezogene, wiegende Oboenmelodie das ganze Theater lächeln. Diesem Moment können sich auch Atheisten und Antiwagnerianer nicht entziehen.

UA Bayreuth 1882

CARL MARIA VON WEBER

# DER FREISCHÜTZ

*Der Freischütz* steht am Anfang der deutschen Operngeschichte – eine schaurig schöne Geschichte! Sie spielt im böhmischen Wald unter Förstern und Jägern, Samiel, der schwarze Jäger, spielt auch mit.

Die Mannspersonen: Max und Caspar, beide Jäger, labil der eine, zwielichtig der andere, haben es schwer. Aber die Frauengestalten: Agathe, mit Max verlobt, immer bangend um ihn, und ihre junge, lebenslustige Base, das Ännchen, angereist, um Agathe aufzuheitern, sind hinreißend. Ab dem Duett der beiden war der Welterfolg des *Freischütz* nicht mehr aufzuhalten. Mozarts Gräfin und Susanne (*Figaros Hochzeit* war eben 35 Jahre alt) standen Pate bei dieser Stimmkombination, wie auch Caspar dem Beethoven'schen Pizarro nachempfunden ist (Weber hatte den *Fidelio* schon kurz nach der Wiener Premiere in Prag aufgeführt).

Die Wolfsschluchtszene, Höhepunkt – inhaltlich Tiefpunkt der Oper –, ist die romantische Spukszene schlechthin. Für ihre Umsetzung erhielt Weber eine sechste Probe zugestanden. Die zeitgleich produzierte italienische *Olympia* von Gasparo Spontini beanspruchte 42 Proben.

Bemerkenswert ist, wie bewusst Weber und Friedrich Kind (dessen Textbuch Goethe sehr schätzte) zu Werke gingen: Um sich nicht dem Vorwurf auszusetzen, Aberglauben zu verbreiten, führten sie die Figur des rettenden Eremiten ein – kein Kirchenvertreter, sondern ein „Mann, den weit und breit die Gegend ehrt", aber was dieser den Leuten auf der Bühne und im Saal zu sagen hat, ist beherzigenswerte Aufklärung.

Felix Mendelssohn Bartholdy (er saß elfjährig in der Premiere), Richard Wagner und Richard Strauss haben Leitmotivik, Tonartensymbolik, Instrumentation, Stimmungsübergänge, den ganzen romantischen Zauber von Weber gelernt. Unnachahmlich indes war der menschliche Zauber von Webers humpelnder, krächzender, schwindsüchtiger, gleichwohl charismatischer, eleganter, liebevoller und liebenswerter Persönlichkeit.

Als 1843 in Dresden ein neuer Musikdirektor gesucht wurde, gab das Votum von Webers Witwe Caroline (sie war als Sängerin „vom Fach") den Ausschlag, dass Wagner die Stelle erhielt.

An den Siegeszug des *Freischütz* als deutscher Oper hingen sich schon früh die Hoffnungen politischer Träumer, und der Brautjungfernchor – ein kleines Volkslied – wurde zum Erkennungsmotiv der Patrioten.

UA Berlin 1821